JN418727

전통사찰총서

2

강원도의 전통사찰 II

寺刹文化硏究院

속초 신흥사 청동 통일대불

속초 신흥사 극락보전

속초 신흥사 극락보전 삼존불상

속초 신흥사 계조암 굴법당

고성 건봉사

고성 건봉사 금강계단

고성 건봉사 능파교

고성 극락암

고성 화암사 대웅전

고성 화암사 대웅전 삼존불상

춘천 상원사 대웅전

춘천 청평사 극락보전

춘천 청평사 극락보전 삼존불상

춘천 청평사 회전문

양양 낙산사 칠층석탑

양양 낙산사 해수 관음보살상

양양 낙산사 의상대

양양 명주사 법당 관음보살상

양양 명주사 범종

양양 영혈사

양양 영혈사 극락보전 삼존불상

양양 홍련암 법당

양양 홍련암 법당 관음보살상

양양 선림원지 삼층석탑

양양 선림원지 홍각선사비 귀부 및 이수

양양 진전사지 삼층석탑

양양 진전사지 부도

인제 백담사 극락보전

인제 백담사 극락보전 삼존불상

인제 백담사 만해동상과 만해시비

인제 봉정암

인제 봉정암 봉바위

인제 봉정암 사리탑

인제 오세암 관음전

인제 오세암 관음전 관음보살상

철원 도피안사 대적광전과 삼층석탑

철원 도피안사

철원 도피안사 철조 비로자나불상

철원 심원사

철원 심원사 명주전 석조 지장보살상

전통사찰총서

간행의 말

사찰 문화 이해의 길잡이

한반도에 불교가 전래된 지 천육백여 년, 불교는 고대 국가의 찬란한 문화를 선도하고 수많은 고승 대덕을 배출하여 실로 한민족의 문화적 · 정신적 바탕이 되어 왔다. 일찍이 불교 문화를 꽃피웠던 신라시대의 경주 거리는 '사사성장탑탑안행(寺寺星張塔塔雁行)'이라 표현하여 곳곳에 절과 절이 맞닿아 있고 탑과 탑이 기러기처럼 줄을 잇고 있었다고 하였다. 그야말로 불국토의 장엄한 세계를 신라 사회에 그대로 옮겨 놓은 불연(佛緣) 깊은 나라였다.

고려시대에는 온 국민이 하나가 되어 팔관회와 연등회 같은 불교 행사가 성행하였고, 이러한 불심(佛心)은 마침내 불력(佛力)으로 국가적 재난을 막아내고자 하는 팔만대장경불사로 이어졌다. 그러나 조선시대에는 다소 침체의 길을 걷는 등 변화하는 역사 속에서 불교는 성쇠를 거듭해 왔다.

오늘날의 불교는 다종교의 홍수 속에서도 한민족의 전통 사상으로 굳건히 자리하고 있음은 주지의 사실이다. 그러나 선조들의 빛나는 문화 업적과 소중한 사찰 문화재는 옛 모습을 잃고 조금씩 변화해 가며, 때로는 유실되고 있는 실정이다.

그리하여 사찰 문화의 보전과 현대적 계승이라는 취지에 뜻을 같이 하는 몇몇 사람들이 모여 원을 세웠다. 불교 문화의 참뜻을 찾아 한데 모으고 다듬어 때를 벗겨 정리함으로써, 이 시대의 사람들과 뒷 세대들로 하여금 재창조와 도약의 발판으로 삼을 수 있도록 하자는 것이었다. 이러한 원을 실현하기 위하여 사찰문화연구원을 설립하고 그 첫 번째 사업으로 『전통사찰총서』를 간행하게 된 것이다.

우리의 사찰은 불교의 참정신이 깃들어 있는 곳이요, 고승들의 발자취가 서려있는 곳이며, 몸과 마음을 맑힐 수 있는 신행의 요람처이다. 따라서 『전통사찰총서』의 집필에는 외형적이고 피상적인 사실의 설명에서 한 걸음 더 나아가 사찰이 간직하고 있는 정신세계와 본질을 규명하는 데 초점을 맞추었다. 곧 사찰의 연혁에서부터 소중히 보존해야 할 문화재, 하나하나의 성보(聖寶)에 깃들어 있는 의미, 그 절이 지니는 신앙의 성격, 그리고 관련 설화까지 소상하게 밝혀 놓았다.

이 책이 사찰 문화의 진수를 이해하는 데 조그마한 길잡이가 될 수 있었으면 하는 바람이다. 끝으로 이 책을 간행하는 데 협력하여 주신 문화체육관광부, 대한불교진흥원, 그리고 각 사찰의 스님들께 깊은 감사를 드린다.

寺刹文化研究院

차례

3 양양군 · 인제군의 전통사찰

4 철원군의 전통사찰

1. 속초시 · 고성군의 전통사찰

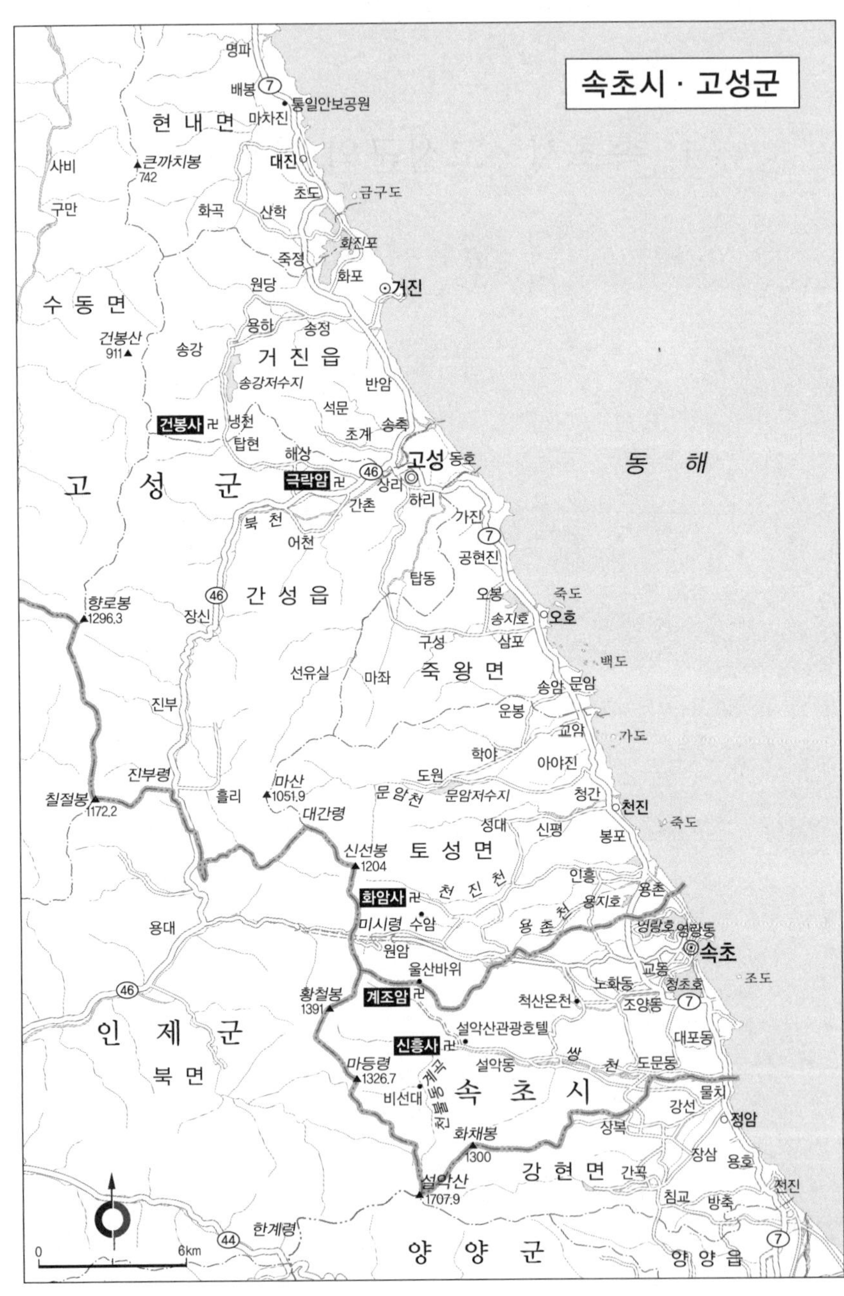
속초시 · 고성군
명파
배봉
통일안보공원
현 내 면
마차진
사비
큰까치봉
742
대진
초도
금구도
구만
화곡
산학
화진포
죽정
화포
원당
거진
수 동 면
용하
송정
건봉산
911
송강
거 진 읍
송강저수지
반암
석문
건봉사
냉천
초계
송죽
탑현
해상
고성
동호
동 해
고 성 군
극락암
상리
간촌
하리
북 천
가진
어천
공현진
탑동
간 성 읍
오봉
죽도
향로봉
1296.3
장신
송지호
오호
구성
삼포
백도
선유실
마좌
죽 왕 면
송암
문암
진부
운봉
교암
가도
학야
아야진
진부령
도원
마산
1051.9
문암천
문암저수지
청간
칠절봉
1172.2
흘리
대간령
천진
죽도
성대
신평
봉포
신선봉
1204
토 성 면
인흥
화암사
천 진 천
용촌
용지호
미시령
수암
용 촌 천
영랑호
영랑동
용대
속초
원암
울산바위
교동
조도
노화동
청초호
황철봉
1391
계조암
척산온천
조양동
인 제 군
설악산관광호텔
신흥사
대포동
마등령
1326.7
쌍 천
도문동
북 면
설악동
천불동계곡
비선대
속 초 시
물치
강선
정암
상복
화채봉
1300
장삼
용호
강 현 면
간곡
설악산
1707.9
전진
침교
방축
한계령
0
6km
양 양 군
양 양 읍

속초시 · 고성군의 역사와 문화

속초시(束草市)는 강원도 동해안의 중북부에 위치하며, 동쪽으로는 동해, 남쪽으로는 양양군, 북쪽으로는 고성군, 서쪽으로는 양양 · 고성 · 인제와 접한다. 인구는 2006년 말 현재 8만 6,073명, 행정구역은 8개 행정동으로 이루어져 있다.

태백산맥의 능선인 설악산(雪嶽山, 1,708m)과 마등령(馬等嶺, 1,327m) 등의 높은 산이 서부 경계를 이루면서 시의 전역에 영향을 미치고 있다. 하천은 쌍천과 청초천이 있는데, 쌍천은 설악산에서 기원하여 동해로 흐르며 도문평야를 이루고, 청초천은 달마봉에서 기원하여 청초호에 이르며 좌우의 소야평야에 용수를 공급하는 관개로가 되고 있다. 울산바위 북쪽에서 발원한 장천은 학사평을 지나 동쪽에서 영랑호(永郎湖)로 흘러든다.

이 지역에서 청동기시대의 유적과 유물이 출토되었고, 예(濊)의 관할 아래 있다가 고구려 영토로 편입되면서 수성현(守城縣)과 익현현(翼峴縣)으로 분리되었다. 신라 경덕왕 때 수성현은 수성군(守城郡)으로, 익현현은 익령현(翼嶺縣)으로 개칭되며 수성군의 영현으로 되었다.

고려시대에는 1018년(현종 9) 수성군이 간성현(杆城縣)으로 바뀌었다가 다시 간성군으로 승격되었다.

조선시대의 역사는 양양군과 상당부분 겹치며, 근대에 들어와 1895년(고종 32) 양양군이 되었을 때 속초지역은 간성군의 일부와 양양군의 일부 지역으로 나뉘어 강릉부의 관할이 되었다. 1942년 10월 1일 속초면이 읍으로 승격되었으며, 해방 후 38선이 획정되면서 북한 지역에 속하다가 1951년 국군이 진주하여 수복되었다. 1951년 고성군 토성면 장천리와 사진리가 속초읍으로 편입됨으로써 현재의 속초시와 동일한 행정구역이 형성되었다. 1963년 1월 1일 속초읍이 시로 승격되어 양양군에서 분리되어 오늘에 이른다.

고성군(高城郡)은 강원도 최북동부에 위치한 군으로, 동쪽은 동해, 서쪽은 향로봉을 경계로 인제군, 남쪽은 속초시, 북쪽은 통천군과 접한다. 2006년 말 현재 인구는 3만1,641명, 행정구역은 2개 읍, 4개 면, 127개 행정리로 이루어져 있다.

남북방향으로 뻗은 태백산맥의 한 줄기인 해안산맥이 동쪽으로 치우쳐 있다. 북부에는 남강과 신계천이 금강산에서 발원해 고성읍 서쪽에서 합류한 뒤 동해로 흘러 들어가며, 남부에는 진부령 부근에서 발원한 남천과 북천이 각각 간성읍을 지나 동해로 흐른다. 진부령은 영서 · 영동 지방을 잇는 교통의 요충지 구실을 한다.

삼국시대 이전에는 강릉과 함께 예국(濊國)의 영토였다. 그 뒤 고구려 영토로 편입되어 두 지역으로 나누어졌다. 지금은 북한에 있는 고성읍과 장전읍 · 외금강면 · 서면과 현내면 일부 지역은 달홀, 그리고 현재의 고성군 대부분의 지역은 수성군(守城郡)으로 불렸다. 달홀은 568년(진흥왕 29)에 주로 승격되었다가 경덕왕 때 고성군으로 개칭되었고, 수성군도 고려로 이어졌다.

고려에서는 995년(성종 14)에 삭방도(朔方道)에 편입되었다가, 현종 때 고성군과 수성군은 각각 고성현과 간성현(杆城縣)으로 바뀌었다. 간성현은 그 뒤 군으로 승격되어 고성현을 겸무하다가 1389년(공양왕 1)에 다시 둘로 나뉘어져 조선으로 이어졌다.

조선시대에는 세종 때 고성현이 군으로 승격되어 간성 · 고성의 두 군이 되었다. 『세종실록』 지리지에 따르면, 당시 간성군의 호수는 227호, 인구는 871명이었다. 1895년(고종 32)에 간성 · 고성군은 강릉부 관할의 9개 군 속으로 들어갔다.

현대에 들어와서는 1945년 광복 당시 고성군은 고성읍 · 장전읍과 거진면 · 수동면 · 외금강면 · 서면 · 현내면 · 간성면 등 2읍 6면을 관할했다. 1973년 7월 1일 거진면이 읍으로 승격되고, 1979년 5월 1일 간성면이 읍으로 승격되어 오늘에 이른다.

신흥사

■위치와 창건

설악산(雪嶽山, 1,708m)은 사계절 눈이 쌓여 신성하고 숭고한 산이라는 이름을 지녔다. 한국의 삼대 명산 중의 하나로 한라산(1,950m)과 지리산(1,915m)에 이어 세 번째로 높다. 백두산이 민족의 정기를 간직한 한반도의 지붕이지만, 분단의 장벽에 막혀 쉽게 다가가지 못하는 게 현실이다. 다행

청동대불 전경

스럽게도 우리에게는 설악산이 있어 민족의 기상과 저력을 실감할 수 있게 한다.

수려하면서도 웅장한 산세, 끝이 보이지 않는 울창한 숲, 기암괴석, 계곡의 맑은 물과 수많은 폭포는 인간의 경계가 아닌 듯하다. 이 빼어난 경관 속에 일찍부터 수행자들이 자리 잡아 불도를 닦아왔다. 신흥사를 비롯하여 백담사, 봉정암, 오세암, 계조암, 내원암 등 이름만 들어도 가슴 벅차고 부처님의 진리에 다가서는 듯한 사암이 산중 곳곳에 들어서 있다.

대한불교조계종 제3교구 본사 신흥사(新興寺)는 외설악의 설악동 동쪽 계곡 속초시 설악동 170번지에 위치한 대한불교조계종 제3교구 본사다. 절은 신라 때인 652년(진덕왕 6)에 자장율사가 창건하였다. 이때의 절 이름은 향성사(香城寺)였다.

자장율사는 신라시대의 위대한 고승 가운데 한 분이다. 소판(蘇判) 김무림(金茂林)의 아들로 태어나 왕이 될 수 있는 진골 신분이었다. 그러나 세속의 명리를 한갓 뜬구름처럼 덧없이 여기고 출가 수행의 길에 투신하였다.

스님은 홀로 깊고 험한 곳에 거처하면서 이리나 호랑이도 피하지 않았다. 고골관(枯骨觀)을 닦았는데 피곤할 때는 작은 집을 지어 가시덤불로 둘러치고 그 속에 발가벗고 앉아서 조금만 움직이면 가시에 찔리도록 하였다. 머리는 들보에 매달아 혼미한 정신을 없앴다.

때마침 조정에서는 재상 자리가 비어 있었는데 자장이 귀족의 자제로서 물망에 올랐다. 왕이 여러 번 불렀으나 그는 끝까지 나가지 않았다. 이에 왕이 칙령을 내렸다. "만일 나오지 않으면 목을 베겠다." 이를 듣고 자장이 말했다. "내 차라리 하루 동안 계율을 지키다가 죽을지언정 백 년 동안 계율을 어기며 사는 것을 원치 않는다." 이 말을 듣고 왕은 출가를 허락했다. 이에 자장이 여러 바위 사이에 깊숙이 숨어서 사니 아무도 양식 한 톨 돌봐 주는 이가 없었다. 이때 이상한 새가 과일을 물어와서 바쳤으므로 이것을 손으로 받아 먹었다. 마침내 천인이 꿈에 나타나 5계를 주었다. 이에 자장이 비로소

창건주 자장율사 진영

골짜기에서 나오니 고을의 남녀가 다투어 찾아와 계를 받았다. 스님의 출가 정신을 잘 보여 주는 『삼국유사』 「의해」 제5, '자장정율' 조의 이야기다.

스님의 행장은 자세히 전하지 않는다. 636년(선덕왕 5) 10여 명의 제자와 함께 당나라에 유학하여 청량산에서 문수보살을 친견하였다. 이후 귀국하여 황룡사를 창건하였고, 계속해서 월정사, 태화사, 대둔사, 그리고 통도사를 창건하였다. 신라 중기 불교계를 관장하는 대국통(大國統)으로서 많은 사찰을 창건하고 불법을 홍포하였다. 650년(진덕여왕 4) 이후 만년에는 강릉에 수다사(水多寺)를 짓고 이후 태백산에 석남원(石南院, 淨巖寺)을 세워 이곳에서 입적했다고 전한다.

이러한 스님의 행장에서 신흥사의 전신인 향성사에 관한 이야기는 보이지 않는다. 스님에 관한 이야기는 대부분 『삼국유사』에 전하는 기록인데 아쉽게도 향성사의 존재는 확인되지 않는다. 다만 설악산과 인접한 강릉에 수다사를 창건하고 주석한 사실이 있으므로 대략 이 시기, 즉 653년(진덕왕 7) 무렵에 절을 창건한 것으로 추정한다. 창건 당시의 사정도 전혀 전하지 않는다. 다만 향성사에서 멀지 않은 곳에 계조암과 능인암을 함께 창건하였다는 사실에서 산내에 적지 않은 수행자가 주석하였음을 짐작할 수 있다. 자장율사는 당시 신라 불교의 가장 추앙받는 어른이었으므로 절을 창건하자 많은 스님들이 몰려들었을 것이다. 향성사에 수행자들이 넘쳐나자 이웃에 계조암과 능인암을 새롭게 창건하여 이들을 수용하면서 마침내 설악산의 정기 속에 부처님의 도량이 함께 어우러지기 시작한 것이다.

향성사는 지금의 켄싱턴호텔 자리에 있었는데 698년(효소왕 7) 화재로 가람이 전소되고 말았다. 이곳에는 지금도 삼층석탑이 남아 있어 번성했던 옛 자취를 말해 준다. 이후 3년 뒤 의상대사(625~702)가 능인암 자리(현재의 내원암)에 가람을 이전 · 중건하여 선정사(禪定寺)라고 하였다. 이때 아미타불 · 관세음보살 · 대세지보살의 삼존불을 봉안하였다고 한다. 의상대사는 702년에 입적하였는데, 그 1년 전에 선정사를 창건하였다는 이러한 이야기는 다소 의문이 남는다. 의상대사는 신라의 화엄사상을 크게 진흥하여 많은 제자를 육성한 분이었으므로 그가 창건한 사찰은 상당한 주목을 받았을 법하다. 그러나 선정사에 대한 기록은 어디에서도 찾아볼 수가 없다.

■조선시대 이후의 중창

절의 역사는 이후 오랜 기간 공백으로 남는다. 다시 법등이 이어진 것은 천 년 가까이 지난 조선 중기의 일이었다. 1644년에 영서(靈瑞) · 연옥(蓮玉) · 혜원(惠元) 등이 가람의 중창을 발원하였다. 이보다 2년 앞서 명맥을 유지하던 전각이 화재로 소실되었다. 세 스님이 간절한 마음으로 복원 성취의 기도를 올리던 어느 날, 꿈속에 똑같이 소림암(小林庵)에서 왔다는 한 신인(神人)이 나타났다. "선정사 옛터 아래쪽 약 10리 지점에 절을 지으면 수만 년이 가도 3재(災)가 범하지 못할 것이다."라고 일러 주었다. 세 스님은 너무도 신기한 일이라 여기면서 필시 부처님의 가르침이라 여기고 더욱 정진하여 마침내 절을 창건하였다. 절 이름은 신인(神人)이 길지를 점지해 주어 사찰이 흥(興)하게 되었다는 의미에서 신흥사(神興寺)라고 하였다.

이때의 중창은 오늘날의 신흥사를 있게 한 실질적인 불사였으므로 제2의 창건이라 할 것이다. 이후 가람은 수차례의 중건과 확장을 거치면서 대가람으로 거듭났다. 1647년(인조 25) 법당을 건립하였고, 1651년(효종 2)에는 무염(無染)이 목조 아미타삼존불을 봉안하였다. 지금도 현존하는 절의 중요한 성보인 이 삼존불 중의 관음보살 복장에서 조성 당시의 축원문이 발견됨으로써 대웅전을 건립한 4년 뒤에 삼존불을 봉안하였음을 알 수 있다.

1661년(현종 2)에는 해장전(海藏殿)을 짓고 『법화경』 등의 목판본을 봉안하였다. 1658년(효종 9)에는 『불설대보부모은중경』 경판을 판각하였다. 조선 초기부터 불교는 숭유억불 정책으로 크게 위축되었고, 유학자들의 적지 않은 논리적, 사상적 비판을 받아왔다. 특히 출가 수행이라는 불교의 기본 법도는 유학사상의 뿌리를 이루는 효사상과는 정면으로 배치되는 것이라고 지적하였다. 그러나 불교적 입장에서 볼 때 출가는 더 큰 효의 정신을 실천하는 것이었고, 이를 구체적으로 표현한 것이 바로 『부모은중경』이다. 이

17세기에 간행한 신흥사 경판

경전이 억불의 시대였던 조선시대에 특히 많이 유포되었던 것은 유학사상과의 공존을 통해 활로를 모색하였던 불교계의 한 방편이었다. 신흥사도 이러한 시대적 흐름을 반영하여 목판본을 간행하였던 것이다.

1715년(숙종 41) 설선당(說禪堂)이 화재로 소실되자, 1717년(숙종 43)에 취진(就眞) · 익성(益成) 등이 중건하였다. 1725년(영조 1)에는 해장전을 중수하였고, 1737년(영조 13)에는 명부전을 건립하여 지장보살상을 봉안하였다. 1748년(영조 24) 일찍이 향성사 시절부터 전해오던 범종을 원각(圓覺)이 보수하였다. 그러나 그 소리가 원만하지 못하여 1758년(영조 34) 홍안(弘眼)이 다시 고쳤다. 1788년(정조 12)에는 범종을 다시 조성하였고, 그 사적을 '설악산신흥사대종중주명병서(雪嶽山神興寺大鐘重鑄銘并序)' 현판에 적어 놓았다.

1801년(순조 1)에는 벽파(碧波) · 창오(暢悟) 등이 용선전(龍船殿)을 건립하여 역대 왕들의 위패를 봉안하였다. 1813년(순조 13)에는 주운(周雲) 등이 불이문(不二門)과 단속문(斷俗門)을 세웠고, 벽파 등은 보제루(普濟樓)를 중수하였다. 1821년(순조 21)에는 극락보전을 중수하였고, 1858년(철종 9)에는 벽하(碧河) · 명성(明成) 등이 구월산 패엽사(貝葉寺)에서 16나한상을 옮겨와 해장전에 봉안하였다. 이를 계기로 해장전을 응진전(應眞殿)이라 고쳤다. 이후 법등이 면면히 이어져 1912년에는 건봉사(乾鳳寺)의 말사가 되었고, 1924년에는 실선당 후각(後閣) 32칸을 중수하였다. 이상의 역사는 한용운(韓龍雲) 스님이 쓴 『건봉사급건봉사말사사적(乾鳳寺及乾鳳寺末寺史蹟)』에 전하는 내용이다.

이후 6 · 25전쟁의 전란 속에서 신흥사의 본사였던 건봉사가 전소되어 본사의 기능을 잃었다. 1960년대 신흥사의 고암, 성준 스님이 원력을 세워 신흥사를 건봉사를 대신하는 본사로 승격시키기 위해 노력하였다. 1971년 대한불교조계종의 제3교구 본사가 되어 오늘날까지 양양 · 속초 · 강릉 등지의 사암을 관장하고 있다. 1981년에는 인도산 마디가원목을 사용하여 사천

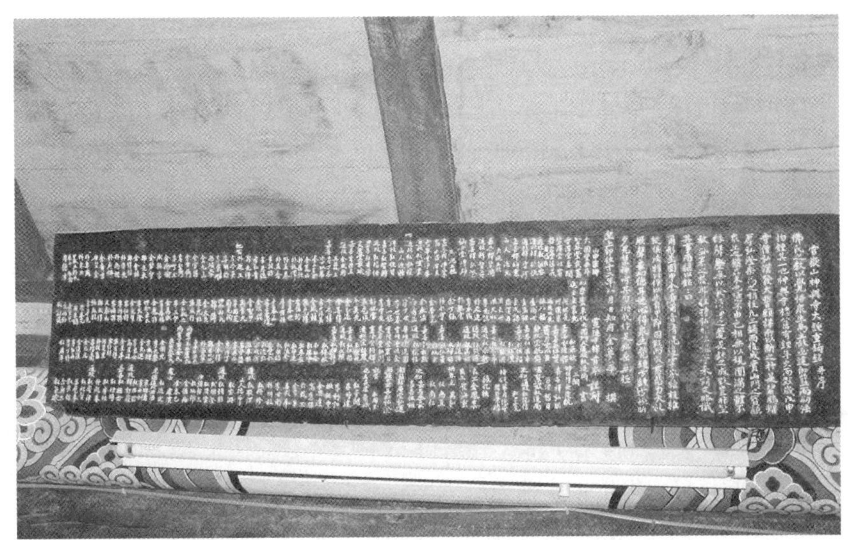

1788년 범종을 주성한 사실을 적은 「설악산 신흥사 대종 중수명 병서」 현판

왕상을 봉안하였다.

이후 신흥사는 영동지역의 불교를 체계화하고 부처님의 지혜를 전하기 위해 다양한 불사를 전개해 나갔다. 춘천에 불교방송지국을 개국하여 언제 어디서나 불법을 접할 수 있는 현대적인 포교에 앞장섰고, 속초노인복지관과 어린이집을 개관하는 등 사회복지사업에도 힘을 기울였다.

이처럼 현대사회에 발맞춰 새롭게 불법을 전개하는 과정에서 절 이름의 '정신 신(神)' 자를 '새로울 신(新)' 자로 바꾸자는 여론이 일어났다. 1995년 마침내 영동불교를 새로 일으킨다는 서원을 담아 이름을 신흥사(新興寺)로 바꾸게 되었다. 이보다 앞선 1987년에는 민족통일의 큰 원력을 발원하여 통일청동대불좌상 조성불사를 시작하였다. 10년간의 어려운 불사를 원만히 이루어 1997년 10월 25일 마침내 점안대법회를 봉행하였다. 30만 명의 시주와 동참으로 결실을 맺은 이 불사로 설악산과 신흥사는 바야흐로 통일기원의 중심 도량으로 자리매김하게 되었다.

■성보문화재

신흥사 가람은 외설악의 설악동 동쪽 계곡에 포근하게 자리잡고 있다. 극락보전을 중심으로 명부전 · 보제루 · 삼성각 · 범종루 · 일주문 · 천왕문 · 불이문, 그리고 적묵당 · 강당 · 선원 · 요사 등으로 이루어졌다. 설악산의 기상을 찾는 많은 사람들이 산에 들어가기에 앞서 경건한 마음으로 가람을 참배한다. 사계절 북적이는 인파 속에서 산사의 고요함에 몰입하기는 쉽지 않지만, 웅장한 전각과 성보를 참배하면서 새삼 우리 불교문화의 아름다움에 젖어든다.

청동 대불이 자리한 일주문을 지나서 약 15분 정도 걸어 올라가면 사천왕문으로 시작하는 경내에 닿게 된다.

설악산 등산로로 올라가면 왼쪽에 내원암이 있고, 흔들바위 옆에 계조암이 자리한다.

극락보전

극락보전 꽃창살문 부분

극락보전 석조계단 귀면상

• **극락보전**

신흥사의 중심 전각으로 앞면과 옆면 각 3칸씩의 겹처마 팔작지붕이다. 기단을 자연석으로 쌓고, 주춧돌도 자연석 그대로인데, 그 위에 배흘림이 있는 둥근기둥을 세웠다. 기둥의 공포마다 용머리를 조각하여 신성한 공간임을 강조하였다.

조선시대인 1647년(인조 25)에 건립하여 대웅전이라 하였다가 나중에 극락보전으로 고쳤다. 1750년(영조 26) 각중(覺重) 등이 중건하였다. 1821년(순조 21) 거관(巨寬), 근민(近旻), 부총(芙聰), 승기(勝琦), 창오(暢悟) 등이 다시 중수하였다. 1827년(순조 27)에는 빛바랜 단청을 새롭게 보수하였다. 지금의 전각은 1977년에 일부 보수한 모습이지만 조선 후기의 건축양식을 잘 간직하고 있다.

극락보전은 극락세계의 주인공인 아미타불을 주존으로 봉안한 보배로운 전각이라는 의미이다. 아미타불은 서방정토 극락세계에서 중생을 교화하는 분이다. 그래서 무량수불(無量壽佛), 또는 무량광불(無量光佛)이라고도 부른다. 안에는 아미타불을 중심으로 좌측에 관세음보살과 우측에 대세지보살의 목조 아미타삼존상을 봉안하였다. 삼존상은 1651년(효종 2년) 무염(無染) 스님이 조성하였다. 꽉다문 입, 부드러운 입가의 미소 등에서 전체적으로 조선 후기 양식을 지녔다. 전각 앞면의 어칸(御間) 사분합문의 꽃살문양과 협칸의 빗살문양이 빼어난 장인의 손길을 거친 듯 매우 아름답다. 1971년에 강원도 유형문화재 제14호로 지정되었다.

한편 전각으로 올라가는 석조계단은 하나의 돌로 이루어졌는데, 1761년(영조 37) 홍징(弘徵)과 홍운(弘運) 등이 조성하였다. 1977년 보수 때 계단을 3조로 개조하였다. 계단 하단 양쪽에 신성한 공간을 수호한다는 의미에서 용의 머리를 조각하였고, 측면에는 악귀를 물리치는 귀면상을 표현하였다. 계단의 왼쪽에는 상서로운 문양의 길상초와 사자상을 조각하였다. 조선 후기 장식 문양의 다양한 모습을 볼 수 있다.

• 명부전

극락보전 왼쪽에 앞면 3칸, 옆면 2칸의 맞배지붕을 한 명부전(冥府殿)이 있다.

안에는 시장보살상 뒤에 최근에 조성된 후불탱이 있고, 오른쪽에 영단이 있다. 이전에는 이 영단에 명부의 시왕상이 봉안되어 있었다. 사적기에 1893년의 시왕상 채색 기록이 있다.

지장보살상 왼쪽에 보관되었던 경판은 현재 보제루에 보관되어 있다. 이 명부전은 1737년(영조 13)에 처음 지어 지장보살상을 봉안하였고, 1797년(정조 21)에 창오(暢悟)와 거관(巨寬) 스님이 중수하였으며, 이듬해 시왕상을 다시 칠하고 지장탱을 조성하였다. 그리고 1975년 성준 스님이 중수 및 단청을 하여 오늘에 이르고 있다.

명부전 지장보살좌상

• 보제루

극락보전 앞에 있는 직사각형의 큰 누각이다. 보제루(普濟樓)라는 이름은 널리 모든 중생을 제도한다는 뜻을 지닌다. 장대석으로 쌓은 2단의 축대 위에 앞면 7칸, 옆면 2칸의 맞배지붕이다. 누각식 건물로 아래층 중앙 칸은 가람의 중심으로 가는 통로이고, 2층은 법회장소이다. 보제루는 극락보전을 마주보며 좌우의 적묵당과 요사로 둘러싸여 있는 마당을 감싸 안는 형국으로 가람의 중심 영역을 확보해 준다.

윤지현(尹之鉉)이 짓고 이계황(李啓潢)이 쓴 「보제루중수기」에 자세한 건립의 시말이 전한다. 즉 1644년(인조 22)에 처음 세웠고, 1770년(영조 46)에 중수하였으며, 1813년(순조 13)에 벽파(碧波) · 창오(暢悟) · 부총(芙聰) · 승기(勝琦) 등이 다시 지었다.

이러한 사찰의 누각 건물은 조선 중기 이후 보편화되었다. 각종 법회를 거행하거나 경전을 강독하는 강당 등의 용도로 사용하였다. 현재는 대형 법

보제루

고와 목어 등을 보관하는 수장고의 기능을 한다. 이 중에는 17세기 중엽에 조성한 19종의 목판이 있다. 한자와 한글, 범어(梵語)가 혼합되어 있는 희귀한 목판이다. 이 경판들은 1661년(현종 2년)에 건립한 해장전(海藏殿)이라는 전각에 있었다. 이후 1858년(철종 9) 전각을 중수하면서 이름을 응진전으로 바꾼 후, 석가여래상을 봉안하면서 경판을 보제루로 옮겨 봉안하였다. 한편 보제루에는 범종이 하나 있는데 6 · 25전쟁 때 겪은 총탄의 흔적이 그대로 남아 있다. 원래는 사방이 개방되어 있었으나, 1971년 성준(聲準)이 중수하면서 분합문(分閤門)을 달았다.

내부에는 서산대사 휴정(休靜) 등 고승 60여 명의 진영을 봉안하였다. 벽면에는 시와 사찰 방문기 등을 적은 현판이 있다. 현판으로는 1788년(정조 12)에 다시 범종을 만들고 그 사적을 새긴 '설악산신흥사대종중주명병서(雪嶽山神興寺大鐘重鑄銘并序)' 와 '설악산신흥사삼보중건기(雪嶽山神興寺三寶重建記)' 가 있다. 이 밖에도 '설악산신흥사(雪嶽山神興寺' 대자액(大字額) 3개, '백설루(白雪樓)' · '외설악루(外雪嶽樓)' · 해악루(海嶽樓)' · '청경

사천왕문 사천왕상

당(聽經堂)'·'청송헌(青松軒)' 등과 1970년에 조성한 '임야복구시주(林野復舊施主)' 현판도 있다. 조선 후기 누각 건축양식을 잘 지니고 있어 1985년 강원도 유형문화재 제104호로 지정되었다.

• 삼성각

극락보전 왼쪽 뒤에 위치한 앞면 3칸, 옆면 2칸의 아담한 건물이다. 1892년(고종 29)에 중건하였다. 안에는 칠성과 현왕, 그리고 산신을 탱화로 봉안하였는데 근래에 조성한 모습이다.

• 사천왕문

세심교를 건너면 자연석으로 쌓아 올린 돌담 사이로 사천왕문이 나타난다. 사천왕문은 1811년(순조 1) 주운과 철수가 창건하였는데, 그 뒤 화재로 소실되었던 것을 1972년에 앞면 3칸, 옆면 2칸의 맞배지붕으로 중건하였다. 사천왕문을 지나면 바로 경내에 이르게 된다. 즉 가람의 중심에 계시는 부처님의 세계를 수호하기 위해 동서남북을 각각 주관하는 사천왕을 모신다. 사악한 마군을 방어하여 불법을 지킨다는 의미이다.

사천왕은 사방에 배치되는데 각 방향에 따라 역할이 다르다. 동쪽을 수호하는 지국천왕(持國天王)은 비파를 들고 있다. 선한 이에게는 복을 주고 악한 이에게는 벌을 준다고 한다. 서쪽을 수호하는 광목천왕(廣目天王)은 칼을 들고 있다. 악인을 굴복시켜 구도심을 일으키게 한다. 남쪽을 수호하는 증장천왕(增長天王)은 용과 여의주를 들고 있다. 만물을 소생시키는 덕을 베푼다. 마지막으로 북쪽을 지키는 다문천왕(多聞天王)은 탑을 들고 있다. 어둠 속에서 방황하는 중생을 구제한다.

• 향성사지 삼층석탑

통일신라시대의 전형적인 석탑으로 보물 제443호이다. 탑은 신흥사에서 조금 떨어진 설악산 공원 초입에 있다. 652년(진덕왕 6) 향성사 창건 당시에 조성하여 자장율사가 당나라에서 가져온 석가세존의 사리 33과를 봉안하였다고 한다. 현재는 3층만 남아 있고, 창건 당시에는 9층 석탑이었다고 전하지만 전체적인 양식으로 볼 때 9층탑이라는 이야기는 신빙성이 떨어진다. 현재의 위치가 옛날 그대로라고 해도 탑 주위는 절터의 모습을 전혀 알아볼 수 없는 상태이다.

석탑은 2중의 기단 위에 3층의 탑신을 세운 모습이다. 여러 장의 돌을 붙여 지대석을 깔고, 같은 방법으로 아래층 기단의 밑돌을 두었다. 탑신과 옥개석은 각기 하나의 석재이다. 각 층 탑신에는 양쪽으로 모서리 기둥을 나타냈다. 옥개석 아래로는 5단의 옥개받침을 조각하였고, 옥개석 네 귀퉁이에는 풍경을 달았던 듯 작은 구멍이 남아 있다. 옥개석의 추녀선은 직선이어서 추녀 끝이 위로 들리는 멋스러움은 다소 부족하다. 탑 꼭대기에 있던 상륜부는 모두 없어졌다. 전체적으로 담백하고 정연하여 신라 불교문화의 향기를 느낄 수 있다. 698년(효소왕 7) 향성사가 소실될 때 이 탑만 남아 있었으나, 임진왜란의 와중에서 크게 손실되었다

향성사지 삼층석탑

1966년 탑을 해체 보수하였는데 3층 탑신석 중앙에서 정사각형의 사리구멍을 확인하였으나 유물은 이미 사라진 후였다. 2000년에 다시 중수하면서 탑 속에 중수의 시말을 적은 중수기와 삼존불상, 다라니경 등을 함께 봉안하였다. 전체 높이는 4.33m이다.

• 목조 아미타삼존불좌상과 복장유물

극락보전에는 중앙의 아미타불을 중심으로 오른쪽에 관음보살, 왼쪽에 대세지보살의 목조 삼존불좌상이 봉안되어 있다. 아미타불상 바닥의 묵서명(墨書銘)과 관음보살상 복장에서 발견된 축원문에 의해 1651년(효종 2년) 무염(無染) 스님이 조성하였음을 확인할 수 있다. 이보다 4년 앞선 1647년(인조 25)에 법당을 건립하였고, 이곳의 주존불로 봉안한 것이다.

본존불인 아미타불좌상은 162cm에 이르는 거대한 크기이면서도 안정감 있는 신체비례를 지니고 있어 단정한 모습의 불상이다. 이 불상은 거대한 크기, 불분명한 육계(肉髻), 평판적인 사각형의 얼굴, 가늘고 작은 눈과 입,

극락보전 삼존불좌상

아미타삼존불좌상 복장유물

건장하지만 굴곡이 없는 신체, 넓은 무릎 폭, 통견법의의 착의법과 옷주름 등에서 17세기의 시대양식을 잘 반영하고 있다. 또한 본존불 좌우의 관음 · 대세지보살 역시 크기가 조금 작고, 머리 위에는 화려한 보관을 쓰고 있다는 점만 다를 뿐 본존불과 같은 모습으로 본존불과 함께 당시의 양식을 잘 보여 주고 있다는 점에서 중요한 자료라고 할 수 있다.

묵서명과 축원문에 불상의 조성자와 시기를 전하고 있어 조선 후기 불교조각사의 한 기준으로 삼을 만한 중요한 가치를 지니고 있다. 17세기 조선시대 불교조각의 특징을 잘 갖추고 있을 뿐만 아니라 삼존상 모두 손상이 없이 보존상태가 지극히 양호하다. 또한 정확한 제작 시기와 작가를 알 수 있다는 점 등 역사적 · 학술적 · 예술적 가치가 매우 뛰어난 성보로 평가된다. 강원도 유형문화재 제143호이다.

• 통일대불

1997년 10월에 봉안한 거대한 석가모니 청동대불이다. 1987년 우리 민족 최대의 염원인 통일을 기원하는 대불 봉안 불사가 시작되었다. 실향민이 많고 북한과 인접한 신흥사에 통일대불을 조성하는 일은 각별한 의미를 지닌다. 10년에 걸쳐 대불이 봉안되기까지 절의 주지 혜법(慧法)·지홍(知洪)·도후(度吼) 스님은 여러 가지 어려움을 겪었다. 역경을 극복하고 이룬 대역

통일대불

사(大役事)는 절을 찾는 혹은 설악산을 오르는 많은 사람들에게 통일의 필요성을 다시 한 번 깨닫게 한다. 우리 민족의 끊임없는 노력과 대화가 전제되어야 할 것이지만, 부처님의 올바른 지혜와 가르침을 따를 때 우리의 소원은 한층 당겨질 수 있을 것이다.

전체 높이는 14.6m로 좌대 높이가 4.3m, 좌대 직경이 13m이다. 108톤의 청동이 소요되었고, 좌대의 8면에는 통일을 기원하는 십육나한상을 섬세하게 돋을새김하였다. 부처님 복장에는 1992년 미얀마 정부가 기증한 부처님 진신사리 3과와 다라니경, 칠보 등을 봉안하였다.

• 경판

보제루에는 모두 280점의 목조 경판이 있다. 목판의 종류는 모두 19종이다. 구체적으로는 『묘법연화경』 권1을 비롯하여 『불설대보부모은중경』·『반야심경주(般若心經注』 등의 대승경전, 『운수단가사(雲水壇歌詞)』·『천지명양수륙재의찬요(天地冥陽水陸齋儀纂要)』·『수륙무차평등재의촬요(水陸無遮平等齋儀撮要』·『수설수륙대회소(水設水陸大會疏)』·『제반문(諸般文』·『승가일용식시묵언작법(僧家日用食時默言作法)』·『식당작법(食堂作法)』 등의 불교의식 문헌, 『광본대세경』·『조왕경』 등의 경전, 『진언집』·『불정심다라니(佛頂心陀羅尼)』 등의 진언·다라니류, 『대원집』 같은 한국 고승의 문집 등 17세기 중기 이후에 조성한 목판들이다.

이 가운데 『불설대보부모은중경』은 3·4쪽과 13·14쪽의 경판 두 장이 빠져 있으나, 한문 원문에 한글 번역문까지 함께 새겼다. 중요한 부분은 그림까지 그려 넣었다. 이 경판 끝 장에 "순치(順治) 15년 강원도 양양부 설악산 신흥사 개간"이라는 간기가 있어 1658년(효종 9)에 간행한 사실을 알 수 있다.

19종의 경판 중에서 많은 수를 차지하는 것은 불교의식 관계 판본들이다. 조선 후기 불교를 특징짓는 개념 중의 하나가 대중불교 혹은 서민불교이다.

신흥사 경판

건국 초부터 시행된 일련의 억불시책으로 인해 불교는 사회 전반에서 종교적 기능을 다하지 못하고 생존을 위한 두 가지의 흐름으로 명맥을 유지하였다. 그 첫 번째가 왕실을 중심으로 한 상류층의 왕실불교이고, 다른 하나는 기층민중의 일상생활 속에 자리잡은 서민불교이다. 서민불교라 함은 난해한 교리나 사상이 아니라 현실기복적이고 구원적인 신앙을 추구하는 그야말로 기도와 염불을 통해 소원을 기원하는 신앙을 말한다.

이러한 서민불교의 신앙 흐름을 반영하듯 조선 후기에는 많은 종류의 불교의식집과 진언집, 다라니 등이 간행되었다. 절에 전하는 불교의식집 가운데 몇 가지를 구체적으로 설명하면 다음과 같다.

『천지명양수륙재의』는 수륙재(水陸齋)를 하는 방법 · 의식 등을 소상하게 설명한 책이다. 수륙재는 양(梁)의 무제(武帝)가 꿈에 어떤 신승(神僧)의 계시를 받아 지공(誌公)에게 명하여 수륙의문(水陸儀文)을 만들고 이에 따라 금산사에서 시행한 것이 처음이었다. 물이나 육지에 있는 고혼(孤魂)과 아귀에게 법식(法食)을 공양하는 법회로 수륙회(水陸會) 또는 수륙도량(水陸道場)이라고도 한다.

『수륙무차평등재의촬요』 역시 수륙재의 여러 의식절차를 요약한 책이다.

수륙의 고혼과 아귀들에게 법식(法食)을 평등하게 공양하여 구제하는 것을 목적으로 한 의식인 수륙재에 관한 절차를 요점만을 뽑아 간결하게 정리하여 수록하였다. 내용은 설회인유편(設會因由篇)에서 무차법회의 개념을 밝히고 시방의 모든 성인이 강림하기를 기원하는 것으로 되어 있다.

『제반문』은 하단(下壇)과 신중단(神衆壇)에 쓰이는 진언과 대웅전에서의 의례 및 사찰 예법에 대한 의례절차를 수록한 불교의식집이다. 이 책은 우리나라 사찰에서 행하는 일상의 의식문을 한데 모아 열람하기에 편리하도록 하였다. 즉 진언, 의례, 의례 절차 등을 모두 수록하여 사찰에서 필요한 의식문을 한번에 열람할 수 있도록 되어 있다. 내용을 보면 하단(下壇)과 신중단(神衆壇)에 쓰이는 각종 진언을 수록하였고, 대웅전에서의 예불 및 공양의례 등을 밝혔다. 청문(請文)으로는 시왕 · 나한 · 사자 · 관음 · 가사 · 제석 · 제불의 청이 있고, 시식문(施食文)이 수록되어 있다. 다음으로 점안문(點眼文)에는 불 · 나한 · 탑상 · 시왕 · 천왕의 점안문이 있고, 끝으로 삭발문(削髮文)과 성도재문(成道齋文) · 재의문(齋儀文)이 실려 있는데, 재의문에는 칠성(七星) · 현왕(現王) · 지장(地藏) · 독성(獨聖)이 함께 쓰여 있다.

절에 전하는 이와 같은 불교의식 관계 목판본은 조선 후기의 신앙 경향을 그대로 보여 주는 것이며, 억불의 사회에서도 신흥사가 서민들과 함께 호흡했던 사실을 알게 해 주는 중요한 성보이다. 강원도 유형문화재 제15호로 지정되었다.

• 부도와 비

일주문을 지나 경내로 들어가는 오른쪽에 신흥사의 부도전이 있다. 6~7단의 자연석으로 축대를 마련하고 19기의 부도와 비석 6기를 봉안하였다. 모두 조선 후기 신흥사에서 수행하며 절을 이끌어간 고승들이 주인공이다.

먼저 부도를 배치된 순서에 따라 설명하면 다음과 같다.

신흥사 부도군

① 무명(無名) 부도는 지대석과 탑신받침, 탑신과 옥개석이 각 1석으로 조성된 부도이다.

② 무명 부도는 지대석 · 기단 · 탑신 · 옥개석이 각 1석으로 조성되었다.

③ 무명 부도는 기단 · 탑신 · 옥개석이 각 1석으로 조성되었다.

④ 소연당(笑蓮堂) 부도는 기단 · 탑신 · 옥개석이 모두 하나의 석재로 이루어져 있다.

⑤ 월암당탑(月巖堂塔)은 기단부 · 탑신부 · 상륜부를 구비한 부도이다.

⑥ 계송당탑(桂松堂塔), ⑦ 은해당탑(隱海堂塔), ⑧ 관허당탑(貫虛堂塔)은 석종형 부도이다.

⑨ 대원당탑(大圓堂塔)은 지대석 · 기단부 · 탑신부 · 상륜부를 구비한 일반형 석조 부도이다.

⑩ 무명 부도는 석종형 부도로 기단과 탑신석으로 구성되어 있다.

⑪ 용암탑(龍岩塔)은 기단과 탑신 및 옥개석을 갖춘 부도이다.

⑫ 동파탑(東坡塔)은 석종형 부도이다.
⑬ 무명 부도는 근년에 조성한 팔각 원당형의 석조 부도이다.
⑭ 무명 부도는 석종형 부도이다.
⑮ 성곡당탑(聖谷堂塔)은 석종형 부도이다.
⑯ 해암거사탑(海岩居士塔)은 석종형 부도로 직사각형 기단 위에 조성하였다.

다음으로 6기의 비석은 1764년부터 1827년 사이에 조성하였다.
① 용ㅁ당대선사비(龍ㅁ堂大禪師碑)는 비좌 · 비신 · 이수를 갖추고 있다.
② 김수영공적기념비(金壽永功績紀念碑)의 옥개석은 팔작지붕형이다.
③ 벽파당대선사비(碧波堂大禪師碑)는 비좌 · 비신 · 이수를 갖추고 있다.
④ 대원당대선사비(大圓堂大禪師碑)는 비좌 · 비신 · 이수를 갖추고 있으며, 옥개석은 팔작지붕의 형태다. 글씨는 조선 후기 초서와 예서의 대가로 유명했던 송하옹(松下翁) 조윤형(曺允亨, 1725~1799)이 썼다.
⑤ 용암당대선사비(龍巖堂大禪師碑)는 귀부 · 비신 · 이수를 잘 갖추고 있다. 용암당(1783~?)은 법명이 혜언(慧彦)으로 나주 출신이다. 율봉(栗峰)과 함께 명산대찰을 순례하였다. 금강산 유점사에서 백일기도를 한 후부터 목소리가 좋아져 설법을 잘하였다. 그의 제자 보운 한취와 대운 성기(大雲性起)도 변재가 뛰어나 설법을 잘하였다. 지금 제방(諸方)에서 설법하는 이들이 법상(法床)에서 설법하다가 선교(禪敎)의 중요한 대목에 이르러서는 의례히 게송을 한 구절 읊고, '나무아미타불' 을 높은 소리로 부르는 것이 혜언(慧彦) 스님과 그의 제자들에게서 시작된 것이라고 한다. 글씨는 조선 후기 시 · 서 · 화의 삼절(三絕)이라 칭송받았던 강세황(姜世晃, 1712~1791)이 썼다.
⑥ 신흥사사적비(新興寺事蹟碑)는 비좌 · 비신 · 이수를 갖추고 있다. 조선 후기의 문필가였던 배와(坯窩) 김상숙(金相肅, 1717~1792)이 썼다.

신흥사 부도

1991년에 부도와 비를 일괄해서 강원도 문화재자료 제115호로 지정하였다.

■산내암자

신흥사는 대한불교조계종의 제3교구 본사로서 양양과 속초, 고성, 인제, 춘천, 화천, 철원, 양구 등 강원도 북부의 32개 사암을 관장한다. 산내암자로는 계조암을 비롯하여 내원암, 안양암 등이 있다.

• 계조암

신흥사로부터 2.3km 북쪽에 있는 천후산 아래의 바위 속에 있는 암자다. 울산바위로 올라가다 보면 흔들바위가 나오는데 바로 그 뒤쪽의 커다란 바위 안에 작은 규모의 계조암이 있다. 천연의 바위 속에 법당을 마련한 특이한 구조로서 바위 입구에 문을 달고, 바닥에는 온돌을 깔았다. 신흥사의 산내암자이면서 또한 별도로 전통사찰로 등록되어 있기도 하다.

계조암 굴법당

신라 때인 652년(진덕왕 6) 자장율사가 창건하였다고 전한다. 자장은 이곳의 석굴에 머물면서 향성사(현재의 신흥사)와 능인암(현재의 내원암)을 창건하였다. 이후 동산(東山), 각지(覺知), 봉정(鳳頂) 스님 등이 머물며 수행하였고, 원효대사, 의상조사 등 조사(祖師)라는 이름을 들을 만한 고승대덕들이 연이어 수도한 도량이라는 의미에서 계조암이라고 하였다.

창건 이후의 역사는 자세히 알 수 없지만, 「신흥사사적기」에 단편적인 기록이 남아 있다. 조선시대인 1890년(고종 27) 응화(應化)가 삼성각을 건립하였다. 1908년 동암(東庵)이 단청을 하고, 동고가 후불탱화를 조성하였다.

암자는 석굴의 법당과 삼성각, 요사 등으로 이루어졌다. 석굴 안의 아미타불과 삼성각의 독성 나반존자상은 영험이 크다고 알려져 예로부터 기도객들의 발길이 끊이지 않는다. 석굴 앞에는 문 역할을 하는 쌍룡바위가 있고, 석굴 뒤쪽에는 100여 명이 함께 식사를 할 수 있는 반석이 있어 '식당암(食堂岩)'이라 부른다. 식당암 머리 부분에는 흔들바위라는 이름으로 널리 알려진 우각석(牛角石)이 있다. 우각석은 원래 두 개였는데, 한 풍수지리가가 불교의 영기(靈氣)가 넘쳐흐르는 것을 시기하여 한 개를 굴려 떨어뜨렸다는 전설을 지니고 있다. 이처럼 영험한 산세에 자리 잡고 있어서 이곳에서 수행하면 10년 걸릴 공부도 5년이면 끝낼 수 있다는 이야기도 전한다.

어느 날 계조암 이야기를 들은 한 스님이 왜 이곳에서 수행하면 도를 깨우치기 쉬운지 내력을 캐려고 이곳을 찾았다. 몇 날이 지나도 그 이유를 알 수가 없었다. 그래서 게으름을 피우며 하루 종일 잠으로 허송하며 세월을 보냈다. 그러던 어느 날, 불상 앞에서 낮잠을 자는데 잠결에 은은히 목탁소리가 들려왔다. 잠이 깨어 돌아보았지만 주위는 고요하고 아무도 없었다. 다시 잠이 어렴풋하게 들었는데, 또 목탁소리가 들려왔다. 계속 잠을 자려고 하면 목탁소리가 들려와서 도저히 잠을 이룰 수가 없었다. 스님은 어차피 잠을 잘 수 없으므로 목탁소리에 맞춰 밤낮으로 염불을 하게 되었다.

그렇게 잠을 못 이루고 염불수행을 하다 보니, 어느 사이에 스님은 깨우

계조암 삼성각

침의 경지에 이르게 되었다. 자기도 모르는 사이에 도를 깨우친 스님은 계조암을 떠나려 하였다. 떠나기 전 날 꿈속에서 한 노승을 만났다. 노승은 "그대는 목탁 속에서 살고 있으면서 목탁소리가 어디서 나는지 모르느냐? 내일 날이 밝거든 앞의 달마봉에 올라가서 계조암을 바라보아라. 그러면 목탁이 보일 것이다." 라고 하였다.

다음날 달마봉에 올라보니, 계조암의 지붕인 큰 바위덩이가 꼭 목탁과 같고 그 옆으로 흘러내린 산줄기는 목탁방망이와 같은 모습이었다. 그제야 이곳에서 수행을 하면 빠르게 득도할 수 있다는 내력을 깨달았다. 이러한 전설에서 유래하여 계조암이 들어선 바위를 목탁바위라고 부른다. 수행자의 근본은 불철주야 깨달음을 위한 정진에 있음을 교훈적으로 보여 주는 이야기이다.

• **내원암**

내원암(內院庵)은 신흥사의 북서쪽 울산암 방면 1.5km 지점에 위치한다. 신라시대인 652년(진덕여왕 6) 자장율사가 향성사를 창건하면서 능인암(能仁庵)을 함께 건립하였는데 이곳이 현재의 내원암이다. 전하는 기록은 없지만 아마도 향성사를 창건하면서 많은 수행자들이 모여들자 별도의 암자가 필요하였고 계조암과 능인암을 세운 듯하다. 창건 후 오래되지 않은 698년(효소왕 7) 화재로 소실되었다. 701년(효소왕 10) 의상대사가 능인암을 중창하여 이름을 선정사(禪定寺)라고 하였다. 고려시대의 사정은 전혀 전하지 않는다. 조선시대 들어 1644년(인조 22) 본 절인 신흥사를 중건하면서 터만 남아 있던 선정사를 중건하여 비로소 내원암이라고 하였다.

1860년(철종 11) 불타버리자 혜봉(慧峰) 스님이 중건하였고, 1882년(고종 19)에는 경봉(勁峯) 스님이 독성전을 건립하고 산신탱을 조성하였다.

그러나 1885년(고종 22) 내원암은 다시 불탔다. 이에 경봉 스님은 곧바로 중건에 착수하였다. 그리고 6년 뒤인 1891년에 후불탱을 비롯하여 칠성탱 · 신중탱을 봉안하였다.

1914년 금강산 신계사(神溪寺)에서 수도하다가 이곳을 찾은 비구니 김수영(金壽永) 스님이 내원암이 고승들의 참선수도성지임을 자각하고, 개인 재산을 헌납하여 선원을 짓자 전국의 참선수행자들이 모여들었다.

현재의 내원암은 1936년의 화재로 전소된 뒤에 중건한 것으로, 인법당과 산신각, 그리고 요사만을 갖춘 조그마한 규모이다. 그러나 인법당 내부에 봉안된 아미타여래좌상은 영험이 크다고 하여 많은 기도객들이 찾아오고 있다. 이곳에 걸려 있던 '내원암(內院菴)' 편액은 추사 김정희 선생이 내원암에 들렀다가 쓴 것이라고 하는데, 지금은 신흥사 보제루 안에 보관되어 있다.

그리고 입구에 세워진 부도 중에는 '경봉당(勁峰當)' '선봉당(禪峰當)' 등의 글씨를 판독할 수 있다.

내원암과 특별한 인연을 맺은 고승으로 용암 체조(龍巖體照, 1714~1779) 스님이 있다. 정씨(鄭氏) 성을 가진 스님은 법호를 용암이라 하였는데, 우연인지는 몰라도 1642년에 내원암을 중창한 용암 스님과 이름이 같아 내원암의 역사에 조그마한 의문을 갖게까지 한다.

용암 체조 스님은 전라남도 장성에서 태어났다. 어려서 양친을 잃고 형과 함께 떠돌이 생활을 하다가 설악산으로 들어와서 승려가 되었다. 스님은 이곳에서 지흠(智欽) 스님으로부터 계를 받고 정이(精頤) 스님 밑에서 불경과 외전(外典)을 공부하다가, 전국의 여러 고승들을 찾아다니며 수행하였다. 그 뒤 설악산으로 다시 돌아오자 정이 스님은 거주하던 내원암을 맡기고 법맥을 전하였다.

이때부터 스님은 후학을 지도하는 한편 보시를 즐겨 행하였으며, 능숙한 글 솜씨로 시문(詩文)도 지었다. 만년에는 문도들을 다른 곳으로 보내고 조용히 수도하다가, 홀연히 제자 홍파(洪波)에게 "오늘 아침 크게 웃으며 가리라." 하고 목욕한 뒤 옷을 갈아입고 입적하였다. 스님의 나이는 66세요, 승려 노릇을 한 것은 51년인데, 그 중 40년을 내원암에 미물렀다고 한다. 제자들이 화장한 뒤 사리를 얻어서 부도를 조성하여 안치하였으며, 10년 뒤 세자부(世慈傅) 이복원(李福源)의 글과 표암 강세황(姜世晃)의 글씨를 받아 비를 건립하였는데, 그 비는 현재 신흥사 부도밭에 있다.

• 안양암

안양암(安養庵)은 신흥사의 동북 쪽 500m 지점에 위치한다. 652년 자장율사가 향성사를 창건할 당시, 해운암(海雲庵)도 함께 세웠다. 화재로 소실되어 터만 남아 있다가 1785년(정조 9) 준경(俊鏡)선사가 백운동(白雲洞)의 백운암(白雲庵)을 해운암 자리에 이건하여 안양암이라고 이름하였다. 안양암이라고 한 것은 혜원법사의 백련결사에 동참하여 안양국(정토세계)에 왕생하자는 의미라고 한다.

현재의 안양암은 1949년에 비구니 이대덕(李大德) 스님이 중창한 것을 다시 1969년에 비구니 임법지(林法知) 스님이 보수한 것이다.

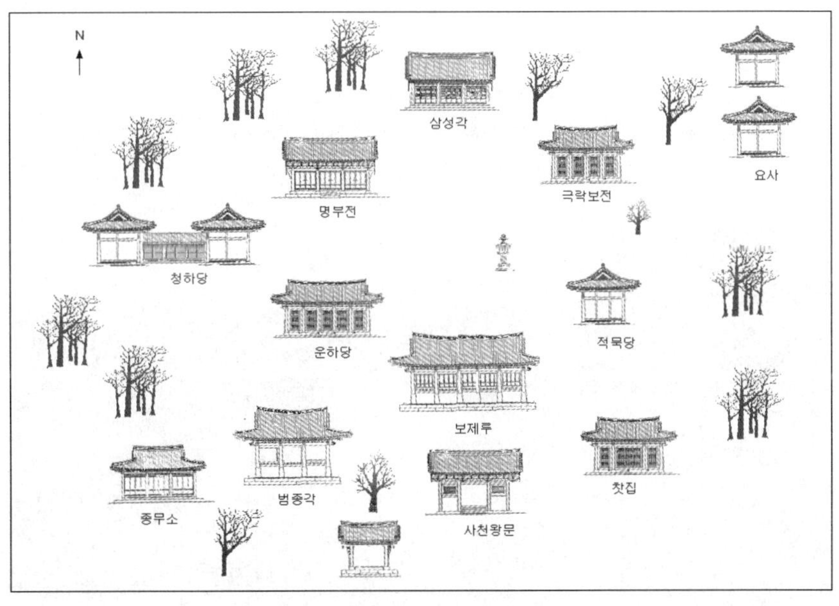

신흥사의 가람배치

건봉사

■위치와 가는 길

건봉사(乾鳳寺)는 고성군 거진읍 냉천리 36번지 금강산(金剛山) 자락에 자리한 대한불교조계종 제3교구 본사 신흥사의 말사이다.

인제와 원통을 지나 46번 국도로 설악산 백담계곡 입구를 지나가서 진부령을 넘으면 간성에 닿기 1km 전에 교동리가 나오고, 여기에서 갈림길이

건봉사 내경

나오는데 안내판을 따라 왼쪽으로 가면 건봉사가 있는 해상리로 들어서게 된다. 여기에서 건봉사까지는 8.5km다. 해상리에서 군부대와 사격장을 지나면 삼거리가 나오는데, 왼쪽 길은 탑평리로 가는 길이고 오른쪽 길로 들어서면 가파른 언덕을 내려서게 된다. 언덕길 아래 검문소가 있고 그 앞에서 왼쪽으로 이어지는 포장도로가 건봉사 경내로 접어드는 길이다.

동해안을 따라 올라가는 길이면 간성읍을 지나 건봉사로 들어올 수도 있다. 간성읍에서 다니는 버스는 해상리 마을 입구에서 선다. 사찰에서 법회나 행사가 있는 날이면 부정기적으로 셔틀버스를 운영하므로 미리 알아보고 이용하면 편하다.

민족의 영산인 금강산이 남쪽으로 뻗어내려 끝자락을 이룬 곳에 있는 건봉사는 휴전선이 국토를 나누기 전까지만 해도 우리나라 4대사찰의 하나로 꼽혔고 일제강점기에는 31본산의 하나였던 곳이다. 그러나 6 · 25전쟁으로 절은 폐허가 되었고, 그 터조차 이른바 민통선 안에 있어 일반인의 출입이 통제되었다. 그러나 다행히 1992년 여름부터 이곳의 출입이 가능해져서 지금은 누구나 언제든 찾아볼 수 있게 되었다.

■창건

건봉사는 520년 당시 고구려 땅이었던 이곳에 아도(阿道) 스님이 절을 창건하였는데 당시 이름은 원각사(圓覺寺)였다. 그로부터 13년 뒤인 553년에 부속암자로 보림암(普琳庵)과 반야암(般若庵)을 지었다.

이 절이 대찰의 면모를 갖추게 된 것은 758년(경덕왕 17)에 발징(發徵) 화상이 중건하고, 정신(貞信) · 양순(良順) 스님 등과 함께 염불만일회(念佛萬日會)를 개설한 다음부터라고 할 수 있다. 우리나라에서 처음 맺어진 이 염불만일회는 『삼국유사』에도 나올 정도로 유명하다. 당시 31인의 승려와 신도 1,820명이 참여하였는데, 신도 중 120명은 의복을, 1,700명은 음식을 담당하여 염불승에게 베풀었다. 특히 의복을 맡은 신도는 매년 포(布) 한 단씩

1930년대 건봉사 전경(『조선고적도보』 사진)

을, 음식을 맡은 신도는 매년 백미(白米) 한 말과 깨끗한 기름 한 되씩을 헌납하였다는 기록이 「건봉사사적기」에 기록되어 있어, 당시의 시물(施物) 및 공양풍습을 알 수 있게 한다. 그 결과 1만일을 채운 757년(원성왕 3)에는 염불만일회에 참여했던 염불승 31명이 아미타불의 가피를 입어 극락에 왕생하였고, 그 뒤 참여했던 많은 신도들이 차례로 극락왕생하였다고 한다.

810년(헌덕왕 2)에는 당나라의 현수(賢首) 스님으로부터 화엄학을 배우고 귀국한 승전(勝詮) 스님이 『화엄경』을 강설함에 따라, 이 절은 염불종(念佛宗)의 본찰인 동시에 화엄종찰(華嚴宗刹)의 성격을 띠게 되었다. 그리고 845년(문성왕 7)에는 백화암(白華庵)을 창건하였다.

■ 고려시대의 건봉사

고려에서는 불교를 국교로 숭앙하며 많은 사찰을 건립하였지만, 고려시

대의 건봉사 역사는 기록이 전하지 않아서 알려진 바가 거의 없다. 사적기에 의하면, 937년(태조 20)에 도선(道詵)국사가 태조의 명을 받아 중수하고, 절 서쪽에 봉황새 모양의 바위가 있다고 하여 절 이름을 서봉사(西鳳寺)로 바꾸었다고 한다. 그러나 도선국사의 입적이 898년이므로, 연대의 착오가 있거나 왕명을 받은 도선의 문인이 중건한 것으로 추정할 수 있다.

그 뒤 945년(혜종 2)에는 봉암암(鳳巖庵) · 청련암(靑連庵) · 극락암(極樂庵)을, 1161년(의종 15)에는 보리암(菩提庵) · 적명암(寂明庵) · 대성암(大聖庵)을 산내암자로 창건하였다.

1358년(공민왕 7) 10여 년 동안 중국에서 공부하고 돌아온 나옹(懶翁) 스님은 이 절을 중수하고 건봉사로 바꾸었으며, 이듬해에는 백련암(白蓮庵) · 보문암(普門庵) · 상원암(上院庵) · 대원암(大願庵)을 새로 지었다. 이로써 건봉사는 염불과 화엄과 선(禪)의 수행을 함께 갖춘 사찰이 된 것이다.

■조선시대 전기

억불정책으로 불교계가 크게 위축되었던 조선시대에도 건봉사는 왕실의 보호를 받으며 발전하였다. 그리고 그 시작은 호불왕(護佛王)으로 불리는 세조로부터 비롯된다. 1465년(세조 11) 이 절에 행차한 세조는 건봉사를 자신의 원찰(願刹)로 삼고, 역대 왕들의 위패를 봉안하는 어실각(御室閣)을 지을 것을 명함과 동시에 친필 동참문(同參文)을 써 주었으며, 전답도 하사하였다. 어실각이 생김에 따라 건봉사는 조선 말까지 어떤 권력자나 유생들의 횡포에 시달리지 않는 수행처로 전승될 수 있었던 것이다.

그리고 예종은 즉위와 동시에 교지(敎旨)를 내려 건봉사를 원당(願堂)으로 삼고, 건봉사 승려들에게는 당시 승려에게 부과했던 강제노동을 면제시켜 주었다. 또한 성종은 즉위년인 1470년 효령대군(孝寧大君) · 신숙주(申叔舟) · 한명회(韓明澮) · 조흥수(趙興洙) 등을 파견하여 노비와 미역밭 · 소금밭을 하사하고, 사방 10리를 건봉사 소유의 산으로 정하였다.

1523년(중종 18)에는 보림(菩琳) 스님이 건봉사와 보림암을 중수하였고, 1552년(명종 7)에는 왕이 교지를 내려 나락 10석(石)을 생산할 수 있는 논을 하사하였다.

■조선시대 중기

1594년(선조 25)에 일어난 임신왜란을 겪는 동안 건봉사는 다시 피폐하였고, 여러 건물들은 많이 퇴락되었다. 이에 선조의 비인 의인왕후(懿仁王后)는 1602년 세금 5결(結)을 면제시켜 주었다.

그러나 임진왜란 후 건봉사에는 불교 최고의 성보(聖寶)가 봉안되었다. 1605년 사명(四溟)대사가 일본에서 되찾아온 부처님의 치아와 사리를 모신 것이다. 이 치아와 사리는 신라의 자장(慈藏)율사가 당나라에서 문수보살로부터 받아 온 것으로 양산 통도사에 봉안하였던 것을 임진왜란 때 왜병이 훔쳐간 것이었다. 불치아와 사리 봉안을 계기로 삼아 이듬해에는 사명 대사

건봉사 내경

와 혜능(惠能) 스님이 피폐된 절을 중건하였고, 40여 년이 지난 1650년(효종 1)에는 효종이 교지를 내려 원당으로 정하고 어실각을 중건하였다.

1652년(효종 3) 계월당(桂月堂)이 화재로 소실되자 상미(尙眉) 스님 등이 2년 만에 중건하였고, 1673년(현종 14)에는 수흡(修洽)과 도율(道律) 스님이 화주가 되어 1,200근의 범종을 만들었다.

1683년(숙종 9)에는 현종의 비인 명성왕후(明聖王后)가 불장(佛帳) · 가사와 함께 1,000금을 시주하여 불상을 개금하였으며, 1712년에는 대웅전을 중심으로 많은 건물들이 있었던 수북팔방(水北八房)이 불탔으나 즉시 중건하였다.

1724년(경종 4) 주지 채보(彩寶) 스님은 구층탑을 세워 불치아를 봉안하였고, 이를 기뻐한 명성왕후는 1천금을 시주하였으며, 1726년(영조 2) 석가치상탑비(釋迦齒相塔碑)를 건립하였다. 그 뒤 영조 · 정조 때의 주요 사적을 요약하여 기록하면 다음과 같다.

18세기와 19세기 건봉사의 역사

연대	내용
1726년(영조 2)	백련암을 허물고 청련당을 세움
1735년(영조 11)	송월료(送月寮) 중수
1742년(영조 18)	해운(海運) 스님 봉암암 중건
1745년(영조 21)	홍교(虹橋) 붕괴, 2년 만에 중건
1753년(영조 29)	처사 지해(智海)와 여신도 지혜(智慧)가 시왕상 중수
1754년(영조 30)	영조비 정성왕후(貞聖王后)가 이 상궁과 안 상궁을 보내어 석가여래상을 조성하고 팔상전을 건립하여 원당으로 정함. 영조는 8월에 숙종의 어제절함도(御製折檻圖)와 어필을 내려 어실각에 봉안토록 함
1756년(영조 32)	계월당이 불탐. 이듬해 화곡(華谷) 스님이 중건
1765년(영조 41)	현붕(玄鵬) 스님이 육송정(六松亭)과 백운교(白雲橋)를 중건, 비를 세움
1776년(영조 52)	정순왕후(貞純王后, 영조의 계비)가 영조의 국재(國齋)를 행함
1788년(정조 12)	군수 이최원(李最源)의 노력으로 조공(朝貢)을 면제받음
1796년(정조 20)	강원도 순찰사 서유방(徐有坊)이 시주하여 어실각을 중수
1799년(정조 23)	강원도 순찰사 남공철(南公轍)의 발기로 사명선사기적비를 세움
1800년(정조 24)	용허(聳虛)와 석민(碩旻) 스님 등이 사명대사의 수충각(酬忠閣)과 비각(碑閣), 어중루(御重樓)를 창건

이상에서 살펴본 바와 같이 임진왜란 후 200년 동안의 건봉사는 왕실과 지방관료들의 계속적인 지원으로 발전할 수 있었다.

■조선시대 후기의 건봉사

순조 대에 신라의 발징 스님이 열었던 염불만일회를 다시 개설하여 새로운 건봉사의 면모를 보였다. 건봉사의 역사를 말하면서 빼놓을 수 없는 것이 바로 염불만일회(念佛萬日會)다. 1802년(순조 2) 용허 스님은 건봉사의 옛 전통을 이어받아 제2회 염불만일회를 설치한 것이다. 이 염불만일회는 1834년 순조가 죽은 해까지 계속되었다.

이 무렵에도 왕실과 지방관료의 지원은 끊이지 않았다. 순조의 비인 순원왕후(純元王后)는 1804년 1,000금과 함께 오동향로 · 오동화병 · 양산 등을 시주하여 왕의 수복(壽福)을 빌었으며, 1805년에는 국재(國齋)를 개설하고 금자병풍과 『화엄경』 1부를 시주하였다. 그리고 귀빈임씨(貴嬪林氏)는 1818년 등롱(燈籠)과 일산(日傘) · 영기(令旗) 등을 기증하였으며, 효의왕후(孝懿王后)는 1820년 어실각에 놓을 평상(平床)을 시주하였다.

또한 1815년에는 군수 이해로(李海魯)가 건봉사가 갚아야 할 대하전(貸下錢) 500민(緡)을 탕감해 주는 한편 족징(族徵)의 폐해를 없애고, 공납품 중 후지(厚紙) 6권을 줄였으며, 환속승에 대해서는 빈부에 따라 징집을 하는 법을 마련하였다. 그리고 1822년에는 군수 김용(金鎔)이 공납품 중 후지 3권과 백지(白紙) 7권, 잡지(雜紙) 30여 권, 농골(籠骨) 4대(台)를 경감시켜 주었고, 1826년에는 군수 송재의(宋在誼)가 잡역을 면제시켜 주었다

이러한 사실들은 건봉사에 대한 왕실과 지방관료의 특혜를 기록한 것이지만, 다른 면에서 보면 그 당시 사찰에 부과한 잡역과 공출이 얼마나 심하였는가를 알려 주는 것이기도 하다. 그리고 건봉사의 역사를 기록함에 있어서 왕실과 관료의 시주를 소상히 밝힌 까닭도 이 절이 왕실의 보호를 끊임없이 받고 있는 사찰임을 나타내어 관료나 유생들의 폐해 및 박해를 물리치고자 함이었던 것이다. 실로 억불의 시대적인 상황이 사지(寺誌) 속에 그대로 반영되고 있는 것이다.

• **두 차례의 화재와 중건**

임진왜란 이후 250여 년, 지속적인 중건과 중수로 건봉사는 4개 권역을 거느린 대규모 가람을 이루어 수행과 기도도량으로서의 역할을 다하였다.

그러나 1846년과 1878년에 발생한 두 차례의 큰 화재로 사찰 내의 전각은 모두 불타버렸고, 이후 60여 년이라는 세월이 지나서야 새로운 모습으로 완전 복구되었다. 중건불사의 세부적인 상황을 사적기를 통해 살펴본다.

조선시대 후기 건봉사에 발생한 화재와 중주 및 중건 내역

연대	내용
1846년(현종 12)	대웅전 지역의 전각과 요사 21동이 모두 불탐
1847년(현종 13)	선악(仙岳) 스님이 모연하여 중창을 시작하자 나라에서 공명첩(空名帖) 300장을 기증하고, 강원도의 승군으로 하여금 5일 동안 부역하게 함
1849년(현종 15)	현종이 서거하자 순원왕후가 금품과 각종 집기를 하사, 동화(東化) 스님으로 하여금 추모 기도를 드리게 함
1851년(철종 2)	벽오 유총(碧梧侑聰) 스님이 제3회 염불만일회를 개설
1858년(철종 9)	축성암(祝聖庵) 불탐
1859년(철종 10)	석담(石潭)과 몽허(夢虛) 스님이 축성암 중건
1863년(철종 14)	철종의 서거로 제3회 염불만일회를 회향함
1865년(고종 2)	화은(華隱) 스님을 청하여 강원(講院)을 개설
1867년(고종 4)	신도 김극락화(金極樂華)가 불향답(佛香畓) 10두락을 헌납
1873년(고종 15)	4월 3일 산불로 사암 3,183칸이 모두 불탐

적멸보궁

여러 차례의 화재 중에서도 1873년에 일어난 화재는 참으로 엄청난 것이었다. 불 속에서 구출할 수 있었던 유물은 팔상전 안에 봉안되어 있던 삼존불상과 오동향로, 어제절함도 등 극히 일부에 지나지 않았으며, 이 또한 학림(鶴林) 스님이 목숨을 돌보지 않고 불길 속에 뛰어든 덕분이었다.

잿더미가 된 건봉사를 위하여 군수 이주옥(李周鈺)은 관아에서 밥을 짓고 국을 끓여서 관리들로 하여금 절에 운반하여 승려들이 먹을 수 있도록 하였고, 건봉사 주변 다섯 면(面)의 사람들로부터 개초(蓋草)를 징발하여 임시 주택을 지을 수 있도록 하였다. 또한 나라에서는 공명첩 500장과 팔도권선문(八道勸善文)을 내려 중건을 돕도록 하였다.

특히 건봉사 승려들의 중건 노력은 지대하였다. 그들은 중건 불사의 촉진을 위하여 5규정소(五糾正所)인 개운사(開運寺) · 중흥사(重興寺) · 봉은사(奉恩寺) · 봉선사(奉先寺) · 용주사(龍珠寺)로부터 통유(通諭, 불사를 지원한다는 증명서)를 발급받았으며, 서울 동대문 바깥에 있는 미타사(彌陀

寺)에 모여서 팔도의 화주를 정하고 그 즉시 전국을 다니며 중창시주금을 마련토록 하였다. 당시의 도화주(都化主) 겸 서울의 화주는 벽오 스님이 맡았으며, 경기도는 범운(梵雲) 스님, 충청도는 월산(越山) 스님, 전라도는 한은(漢隱) 스님, 경상도는 용호(龍湖) 스님, 평안도는 보운(寶雲) 스님, 황해도는 하은(荷隱) 스님, 함경도는 완명(翫溟) 스님, 강원도는 율암(栗菴)과 석담(石潭) 스님이 각각 화주를 맡았다.

그 결과 그해에 관음전과 염불만일회 건물을 중건하였고, 이듬해에는 대웅전 · 어실각 · 사성전(四聖殿) · 명부전 · 범종각 · 향로전(香爐殿) · 보안원(普眼院) · 낙서암(樂西庵) · 백화암(白華庵) · 청련암(靑蓮庵)을 중건하였다. 이에 왕실과 각 궁에서는 갖가지 불교용품을 기증하였으며, 대왕대비 조씨(趙氏)는 만전(萬錢)을 하사하여 이들 전각의 단청과 후불탱화의 조성을 도왔다. 그리고 고종(高宗) 임금은 이 절에 원당(願堂)을 정하고 교지를 내려 일체 요역(徭役)을 면제시켜 주었다.

1880년(고종 17)에는 무너진 능파교(凌波橋)의 석재를 이용하여 대웅전 돌계단과 산영루(山映樓)를 세우는 데 이용하였고, 벽오 스님은 덕원 무달사(武達寺)로부터 시왕상(十王像)을, 보운 스님은 영변 서운사(棲雲寺)로부터 금고(金鼓) 1좌를 옮겨오고, 장단 심복사(心腹寺)로부터 16나한상을 옮겨왔다. 그리고 대왕대비 조씨가 완화군(完和君)의 영가를 위하여 시주한 1,000금으로 시왕불사(十王佛事)를 이룩하였다.

이와 같이 기본적인 중건을 마친 건봉사는 이듬해인 1881년 만화 관준(萬化寬俊) 스님을 회주로 모시고 제4회 염불만일회를 개설하여 신행요람처로서의 기능을 재개하였으며, 그 이후에도 다음과 같은 중건불사가 계속되었다.

19세기 후기에서 일제강점기 직전까지의 건봉사 역사

연대	내용
1881년(고종 18)	사미 봉직(奉直)이 극락암 중건, 시왕전과 16나한전 단청 및 16나한탱화 조성
1882년(고종 19)	신상궁(申尙宮)이 예수재를 개설하기 위해 낸 400금과 동생 신장언(申長漣)이 시수한 1600금으로 불구(佛具)를 조성
1885년(고종 22)	운파(雲坡) 스님의 모연금으로 대웅전 · 관음전 · 명부전 · 사성전의 문을 개조함
1886년(고종 23)	명례궁(明禮宮)의 토지를 매입함
1890년(고종 27)	인파(仁坡)와 만화 스님 등이 팔상전 · 진영각 · 노전 · 극락전을 중건
1891년(고종 28)	대왕대비 조씨의 소상재(小祥齋)를 지냄. 범운(梵雲) 스님이 부처님의 치아를 천안 광덕사(廣德寺) 승려로부터 얻어 팔상전에 봉안
1893년(고종 30)	경월(鏡月) 스님이 독성강을 중건, 서봉(西峯) 스님이 단청
1894년(고종 31)	만화 스님이 참선실을 창건함
1897년(광무 1)	명성황후 민씨(閔氏)의 대상제를 지냄
1899년(광무 3)	응호(應湖) 스님이 봉서루를 중건하고 대웅전 불상을 개금함
1901년(광무 5)	극락전의 남별당(南別堂)을 건립. 만화 스님이 모연금으로 논 10두락을 매입하여 보안원(普眼院)에 기부함
1903년(광무 7)	큰방의 후불탱화 조성
1904년(광무 8)	회명(晦明) 스님이 논 40두락을 헌납
1905년(광무 9)	명부전의 지붕을 갈고 단청하였으며, 노전을 세움. 순

	종의 비인 순명왕후(純明王后) 소상재를 지냄. 낙서암의 고방(庫房) 16칸을 새로 지음. 몽산(夢山) 스님이 논 80두락을 헌납
1906년(광무 10)	사적비 및 석가영아탑봉안비(釋迦靈牙塔奉安碑) 건립. 봉명학교(鳳鳴學校) 설립
1907년(융희 1)	봉명학교 폐교
1908년(융희 2)	제4회 염불만일회를 7일 동안 정진하여 성대히 회향(廻向). 금암 의중(錦岩宜重) 스님이 제5회 염불만일회를 개설함
1909년(융희 3)	무오(戊午), 갑자(甲子)의 두 갑계(甲契)에서 6백원을 내어 동로전(東爐殿)의 담장과 만석계(萬釋階) 동쪽을 축석(築石)함
1910년(융희 4)	보안원과 동지전(東持殿)의 담장과 수각(水閣)을 세움

■ **일제강점기의 건봉사**

일본은 1911년 6월 조선사찰령을 반포하고 주지제(住持制)를 도입하였으며, 이듬해 본산제(本山制)를 시행하였다. 이에 건봉사는 선교양종대본산이 되어 인제군의 백담사(百潭寺), 양양군의 신흥사(神興寺)·낙산사(洛山寺)·화암사(禾巖寺)·영혈사(靈穴寺)·명주사(明珠寺), 홍천군의 수타사(壽陀寺), 고성군의 조제암(鳥啼庵), 양구군의 심곡사(深谷寺) 등을 말사로 관리하게 되었다.

주지로는 조세고(趙世皐, 1911년 9월), 이운파(李雲坡, 1914년 9월), 이대련(李大蓮, 1919년 11월), 노재봉(盧齋峯, 1923년 10월)이 차례로 맡았고, 중건의 마무리 불사 또한 계속되었다.

일제강점기의 건봉사 불사

연대	내용
1911년	영빈관(迎賓館) 건립
1913년	평양에 포교소를 열었으나 곧 폐지함
1915년	31인 소신대(燒身臺)에 부도를 건립. 간성포교소 설립
1918년	금암, 경월(鏡月) 스님의 감독 아래 팔상전과 낙서암의 도량에 돌축대를 쌓음
1919년	극락전 도량에 돌축대를 쌓고 극락전에 수도(水道)를 매설함. 운파(雲坡) 스님이 모연하여 중종(中鍾) 5좌와 불기(佛器) 30좌를 비치. 낙서암의 단하각(丹霞閣) 돌축대를 쌓음
1920년	불이문(不二門)과 영빈관 별실을 건립, 문수교(文殊橋)를 새로 가설하고 산영교(山映橋)를 보수, 봉서루 · 만일회 · 보안원 · 만석계(萬石階)의 석축을 완성함
1921년	인천에 포교당을 열고 봉림학교(鳳林學校)를 설립함. 한암(漢巖) 스님을 청하여 무차선회(無遮禪會)를 베풂
1924년	봉림학교 폐교
1925년	사무소(寺務所)를 중수하고 극락암과 염불만일회의 부속건물로 중건
1927년	불교전문강원 설립, 공비생(公費生) 30인을 육성. 불상 7위를 개금하고 장구사(葬具舍)를 세움. 원옹 덕성(圓翁德性) 스님이 회주로 뽑혀 제5회 염불만일회를 계승함

1927년까지의 역사는 한용운 스님이 지은 「건봉사사적기」에 비교적 소상히 기록되어 있다. 물론 그 이후에도 건봉사의 불사는 끊이지 않고 계속되었으나 기록으로는 남아 있지 않다.

■현대의 건봉사

일제강점기 말까지만 하여도 전체 도량 내에 40여 동 642칸의 건물과 5개 암자 124칸의 건물, 수많은 탑과 부도, 비석, 고승의 진영(眞影) · 불상 · 불화 · 불구 등을 간직하고 있었다. 그러나 1950년에 6 · 25전쟁이 일어남에 따라 초토화되었다. 그리고 휴전 후 민통선 북방에 위치하게 되면서 민간인의 출입이 통제되었고, 부근 주둔 장병들의 신앙생활을 위해 옛 보안원 자리에 현존하는 법당을 세워 실낱 같은 명맥을 유지하여 왔다.

1992년부터는 민간인의 건봉사 출입이 가능해지면서 점차 여러 불사도 이루어지고 사세도 회복해 가고 있다.

■성보문화재

현재의 건봉사지는 크게 다섯 구역으로 나누어진다. 일찍부터 건봉사의 중심을 이루었던 대웅전 구역, 불이문을 들어서면 '나무아미타불' 이라고 새겨진 석주 왼쪽으로 펼쳐졌던 극락전 구역, 영지(影池)를 지나면 바로 나타나는 낙서암 구역, 낙서암 구역 위쪽의 사리탑을 중심으로 전개되는 팔상전 구역, 그리고 이들 네 구역에 속하지 않는 기타 구역으로 대별된다.

신행과 수행, 주거와 기타 기능을 함께 갖추고 있었던 이곳에는 대웅전을 중심으로 관음전 · 사성전(四聖殿) · 명부전 · 독성각 · 산신각 · 대지전(大持殿) · 동지전(東持殿) · 어실각(御室閣) · 범종각 · 만일원(萬日院) · 보안원(普眼院) · 선원(禪院) · 수침실(水砧室) · 봉서루(鳳棲樓) · 요사 등이 있었다.

평면배치 상황으로 본다면 대웅전 앞쪽 정원 양편에 거대한 만일원과 보안원을 배치하고, 대웅전 맞은편 남쪽에 봉서루를 둠으로써 네 건물에 에워싸인 중앙 뜰에서 각종 의례가 행하여질 수 있도록 하였다. 출입동선은 능파교를 건너 봉서루 아래의 계단을 통하여 진입하도록 만들었다. 그리고 대웅전이 있는 석단 위 좌우로 부수적인 불전(佛殿)과 그에 따른 지전(持殿)들

극락전 구역에서 바라본 건봉사 내경

을 배열하였으며, 만일원과 보안원 뒤쪽으로는 승려들의 일상생활에 필요한 건물들이 배치되었다.

이들 가운데 예배를 통한 신행의 기능을 가진 전각은 대웅전 · 사성전 · 명부전 · 관음전 · 독성각 · 산신각으로서, 나한전을 사성전이라는 명칭으로 사용하고 있어 특히 주목된다. 왜냐 하면 금강산 일대의 사찰에서 석가모니불과 16나한을 모신 전각을 응진전(應眞殿) 또는 영산전(靈山殿)이라는 이름을 사용하기보다는 사성전이라는 명칭을 많이 채택하고 있음을 증명해 주고 있기 때문이다.

대지전과 동지전은 불전(佛殿)에서의 신앙행위에 필요한 각종 공양물을 수급하고 준비하는 노전(爐殿)이다. 곧 대지전은 대웅전에 부속된 노전이고, 동지전은 명부전에 부속된 노전이었다. 그러나 동지전은 6 · 25전쟁 당시의 소각 직전 노전으로서의 기능을 잃고 박물관으로 활용되었다고 한다.

수행과 교육의 장소로 활용되었던 건물은 보안원 · 선원 · 만일원이었다.

대웅전

58칸 건물인 보안원은 승려들이 각종 불경을 공부하는 전문강원(傳門講院)으로서, 전통적인 교육과정인 사미과(沙彌科)·사집과(四集科)·사교과(四敎科)·대교과(大敎科)를 모두 갖추고 있었다고 한다.

선원은 참선수행하는 장소이다. 그러나 건봉사의 선원은 보안원이나 만일원에 비해 매우 작은 9칸의 규모를 갖추었다. 이는 실질적인 참선수행 공간으로는 낙서암을 이용하고, 대웅전 구역의 선원은 강원·선원·염불당을 함께 가진 대본산으로서의 면모를 갖추기 위하여 마련된 것으로 보인다.

89칸의 만일원은 염불수행을 하는 곳이다. 다른 사찰에서는 염불수행하는 곳을 염불당(念佛堂)이라고 하는데, 유독 건봉사에서만 만일원이라 하게 된 것은 역사에서 살펴본 바와 같이 1만일을 기한하여 염불수행을 하되 하루도 중지하지 않고 계속하는 도량임을 나타내고자 이렇게 이름한 것이다.

일제강점기의 염불만일회 염불수행 과정을 지켜 볼 수 있었던 정두석(鄭斗石) 스님의 증언에 따르면, 염불만일회는 1만일 동안을 한 사람이 계속하

대웅전 삼존불

는 것이 아니라 염불승은 바뀌었다는 것, 하루의 염불시간은 오전 10시에서 12시까지와 오후 3시에서 5시까지 4시간 정도를 했다는 것, 염불을 할 때는 광쇠와 북을 치면서 그 장단에 맞추어 '나무아미타불'을 큰소리로 불렀다는 것 등을 알 수 있다.

그리고 6칸의 어실각은 왕실 관계자의 위패를 봉안하여 명복을 빌었던 전각으로서 1464년(세조 10)에 처음으로 창건되었다. 건봉사가 전국 4대 사찰의 하나로 남을 수 있었던 것도 이 어실각에 모신 역대 왕들의 위패 때문이었다고 하여도 과언이 아니다. 억불정책으로 모든 사찰이 어려움을 겪을 때 건봉사에만은 시주가 끊임없이 이어지고 각종 공출의 면제와 승려들에 대한 부역 면제의 혜택이 주어졌던 까닭은 어실각이 있었기 때문이다.

• 대웅전

1957년 장병들의 신앙생활을 위해 옛 강원의 자리에 군부대에서 지은 앞

능파교(산영교)

면 6칸, 옆면 4칸에 팔작지붕 건물이 있었는데, 1994년 이 건물을 헐고 팔작지붕에 앞면 3칸, 옆면 2칸 규모로 다시 지었다.

안에는 아미타삼존불과 신중탱화, 산신탱화가 봉안되어 있다.

• 명부전

대웅전 오른쪽에 있는 전각으로, 맞배지붕에 앞면 3칸, 옆면 2칸 규모이다. 안에는 지장보살좌상을 봉안하였는데, 6 · 25전쟁 때 산화한 장병을 비롯한 죽은 이들의 위패가 모셔져 있다.

• 산신각

맞배지붕에 앞면 3칸, 옆면 1칸 규모이다. 대웅전 구역에서 훌쩍 벗어나 적멸보궁에 가는 길목에 있다. 안에는 산신탱이 봉안되어 있다.

• 능파교

건봉사 부근 일원의 4개 홍예교 중 규모가 가장 크고 견실하게 보존되어 있는 이 능파교(凌波橋)는 1708년(숙종 24) 처음 건립되었고, 1745년과 1880년에 중수되었다. 현재의 다리 폭은 3m, 길이는 14.3m, 높이는 5.4m로서, 다리 밑쪽에서 올려다보는 둥근 모양의 홍예가 아름답다.

다리 이름인 '능파(凌波)'는 흔히 가볍고도 우아한 미인의 걸음걸이를 형용하는 말로도 사용되는데, 여기서는 고해(苦海)의 파도를 모두 헤치고 이제 해탈의 부처님 세계로 건너간다는 의미에서 능파교라 한 것으로 보인다. 그런데 건봉사 관련 문헌을 보면 지금의 능파교보다는 본래 이름인 산영교(山映橋)로 불리는 게 맞는 듯싶다.

• 십바라밀 석주

능파교를 건너면 곧바로 50m가 넘게 이어지는 대석단(大石壇)이 보이고,

대석단의 중앙통로 좌우로 높이 158cm의 사각형 석주(石柱) 2기가 우뚝 서 있다.

이 석주에는 십바라밀(十波羅蜜)의 도형이 음각되어 있어, 이를 '십바라밀 석주'라고 부른다. 이 같은 형태는 다른 절에서는 볼 수 없는 것으로, 비록 1920년에 세운 것이라 아주 오래된 것은 아니지만 그 독특한 조형과 의미로써 중요한 문화재로 꼽을 만하다.

십바라밀은 대승불교의 기본 수행법인 보시(布施)·지계(持戒)·인욕(忍辱)·정진(精進)·선정(禪定)·지혜(智慧)의 6바라밀에 이 여섯 가지를 보조하는 방편(方便)·원(願)·력(力)·지(知)의 4바라밀을 더하여 구성한 것이다. 따라서 십바라밀도는 이 열 가지 수행법을 상징화하여 나타낸 것으로, 그 하나하나에는 깊은 의미가 간직되어 있다. 십바라밀의 의미는 다음과 같다.

(1) 원월(圓月) : 보시바라밀을 나타낸다. 곧 재물과 진리와 두려움을 없애주는 3종의 보시를 베풀되, 그들을 만족시킴이 마치 청정한 허공에 보름달의 광명이 두루 비치는 것과 같이 해야 한다고 하여 둥근 달로 묘사한 것이다.

(2) 반월(半月) : 지계바라밀을 나타낸다. 계율을 지켜 그릇됨과 악한 것을 방지하고 선행을 쌓아감이, 마치 초생반월(初生半月)이 어둠을 감하고 밝음을 더욱 자라게 하는 것과 같이 해야 한다고 하여 이와 같은 달모양을 묘사한 것이다.

(3) 신날[鞋經] : 인욕바라밀을 나타낸다. 해탈의 바라밀법을 완성시키기 위해서는 외부로부터의 모든 욕됨을 참고 나아가야만이 가능하다. 마치 신날이 돌부리 등 바깥의 모든 장애물로부터 발을 안전하게 보호하여 앞으로 나아감을 돕듯이, 인욕의 자세로 나아가면 어떠한 어려움이 부딪혀 와도 해탈의 저 언덕으로 나아가는 발을 보호하여 쉽게 도달할 수 있음을 묘사한 것이다.

⑷ 가위[剪子] : 정진바라밀을 나타낸 것이다. 반야(般若)의 지혜에 의거하여 수행하되 결코 물러나지 않음이 마치 가위로써 물건을 자름과 같이 나아감만 있을 뿐 물러남이 없음[有進無退]을 보여 주고 있다.

⑸ 구름[雲] : 선정바라밀을 나타낸 것이다. 마음을 한곳에 모아 깊은 삼매(三昧)를 이루게 되면 마음속의 모든 열기와 번뇌가 소멸되어 청량을 얻게 된다. 이 선열락(禪悅樂)이 마치 열기로 가득 찬 대지를 구름이 덮어서 시원함을 안겨 주는 것과 같다고 하여 선정을 구름 모양으로 묘사한 것이다.

⑹ 금강저(金剛杵) : 지혜바라밀을 나타낸 것이다. 지혜는 능히 두터운 번뇌의 산을 파괴하여 불성(佛性)이라는 보배광을 발견할 수 있도록 한다. 지혜로써 피안에 도달하는 것은 마치 견고함[堅]과 예리함[利]과 밝음[明]의 세 가지 특성을 함께 갖춘 금강저가 거침없이 나아가는 것 같다고 하여 이러한 모양을 취한 것이다.

⑺ 좌우쌍정(左右雙井) : 방편바라밀을 나타낸 것이다. 물 한 점 없는 사막에서 길을 잃고 헤매는 중생을 편안한 세계로 인도하기 위해서는 갖가지 방편이 필요하다. 그 중에서도 가장 필요한 것은 물이다. 따라서 하나의 원천에서 좌우로 두 우물을 나누어 모든 중생들의 목마름을 해결해 주듯이, 보살은 갖가지 방편으로 중생을 교화하여 피안의 세계로 인도한다는 것을 나타내어 보이고 있다.

⑻ 전후쌍정(前後雙井) : 원바라밀(願波羅蜜)을 나타낸 것이다. 위아래로 하나씩의 우물을 둔 것은 귀하고 천함, 높고 낮음을 표시한 것이다. 그러나 그 어떤 신분을 갖춘 사람일지라도 불교에 귀의하여 해탈하겠다는 원(願)을 세우면 반드시 피안에 이를 수 있게 된다. 이것을 나타내기 위해 아래위로 우물을 배열한 것이다.

⑼ 고리 두 퇴[卓環二周] : 역파라밀(力波羅蜜)을 나타낸 것이다. 수행을 할 때 힘을 투입하면 집중력이 생겨서 올바른 깨달음을 이룰 수 있게 된다. 마치 집 주위에 담장을 쌓고 순찰하면 재산을 잘 보존할 수 있는 것과 같다

세존영아탑

고 하여 '고리 두 퇴' 의 형을 취한 것이다.

(10) 성중원월(星中圓月) : 지바라밀(智波羅蜜)을 나타낸 것이다. 삼계(三界)와 삼세(三世)의 세간적인 지식〔遍知〕을 세 개의 조그마한 원으로 표시하

고 불교의 정지(正智)를 바깥의 큰 원으로 표현하였다. 곧 변지와 정지를 함께 갖추어서 반야의 지혜를 올바로 성취하는 것을 나타낸 것이다.

• 세존영아탑

건봉사에는 사명대사가 모셔 놓은 진신사리를 봉안한 진신사리탑이 있고, 이 탑을 참배하기 위한 적멸보궁이 있다. 진신사리탑은 일명 세존영아탑(世尊靈牙塔)이라고 하며 부처님의 치아사리를 봉안한 것이다.

1605년(선조 38) 사명대사가 일본에서 되찾아 온 부처님의 치아와 사리를 봉안한 탑으로, 1724년(경종 4)에 건립하였다. 따라서 치아와 사리가 건봉사로 온 뒤 120년 가량은 다른 곳에 모셔져 있었음을 알 수 있다.

높이 3.45m인 이 탑은 한 변이 1.8m인 사각형의 지대석 위에 팔각의 모양을 이루며 우뚝 서 있다. 기단부 하대석의 밑부분에는 8면마다 안상(眼象)이 새겨져 있고, 그 위로 16잎의 복련(覆蓮)이 조각되어 있는데, 귀꽃을 8면의 모서리에 돌출되게 세워 놓지 않고 16개의 연꽃잎 속에 바로 새겨 넣었다.

기단부 중대석에는 동심원을 새기고 그 안에 범(梵)자와 만(卍)자를 새겨 놓았다.

상대석에는 16잎의 양련(仰蓮) 위로 다시 16개의 십자문양을 새겨 놓은 팔각의 탑신괴임돌이 있다. 이 부분을 자세히 살펴보면 16개의 연꽃잎은 마치 웃고 있는 사람의 얼굴처럼 보인다. 그리고 괴임돌에 새긴 卍자의 변형은 본래 길상만덕(吉祥萬德)을 상징하는 문양이다.

탑신부는 둥근 모양의 탑신석과 팔각의 옥개석으로 이루어져 있는데 급경사를 이룬 우동선(隅棟線)은 뚜렷하지만 처마 부분에 대한 처리가 완전히 생략되어 있다. 그리고 옥개석은 너무나 높게 솟아 있는데, 이는 조선 중기와 후기의 부도에서 가끔 볼 수 있는 형태이다.

옥개석 위에는 노반(露盤) · 복발(覆鉢) · 보륜(寶輪) · 보주(寶珠) 등이 차례로 놓여 있다. 그러나 그 하나하나의 모습은 전통적인 팔각원당형(八角圓

금강계단 비석

堂形) 부도의 그것과 완전히 다르다. 전체적으로 볼 때 라마교의 영향을 받은 청나라풍의 부도 형식을 따르고 있다.

• 부도

세존영아탑 옆에는 높이 1.72m의 옥개석이 있는 부도와 높이 1.82m의 석종형(石鍾形) 부도가 있다. 본래 부처님의 탑 옆에는 고승의 부도를 세우지 않기 마련인데 이곳에 2기의 부도가 서 있는 까닭을 알 수가 없다. 누구의 부도인지 알 수 없지만, 이들의 위치로 보아 혹시 부처님과 관련된 유품을 모신 것이 아닐까 하는 추측도 있다.

• 비석

탑비전(塔碑殿) 북단에 1906년에 건립한 비가 있다. 직사각형의 대좌 위에 1.8m 높이의 오석(烏石) 비신을 세우고 그 위에 운산형(雲山形)의 옥개석을 올려 놓았다. 이 옥개석의 중앙에는 삼태극(三太極)을 새겨 놓았고 비

낙서암 입구 석주

의 정상에는 보주를 얹어 놓아 한말의 시대성을 잘 보여 주고 있다. 전체 높이는 3.18m이다.

• 연지와 석주

낙서암 입구에는 현재 좌우측으로 조그마한 연못 2개가 있고 가운데로 통로가 뚫려 있다. 그러나 원래 이곳에는 연지라고 불리는 연못이 있고 그 위로 다리가 놓여 있었는데, 다리의 이름은 영월교(迎月橋)라 하였다. 사찰의 조경과 함께 상단 도량인 낙서암과 사리탑에 오르는 사람들로 하여금 다시 한 번 마음을 가다듬게 하고자 이와 같은 인공 연못을 만들어 연꽃을 심고 피안으로 나아가는 것을 상징하는 다리를 놓았던 것이다.

특히 눈길을 끄는 것은 연못 앞쪽에 서 있는 두 개의 석주(石柱)이다. 입구 쪽에서 보면 두 개 중 남쪽의 석주에는 용사활지(龍蛇活地), 북쪽의 석주에는 방생량계(放生場界)라는 글이 새겨져 있다. 이곳은 용과 뱀이 함께 살고

명부전 지장보살좌상

있는 땅이요, 모든 생명이 자유를 얻는 곳임을 나타내고 있다. 본래 용과 뱀은 함께 살지 않는 것으로 되어 있다. 그러나 대승(大乘)의 세계에는 용과 뱀이 함께 살되 조금도 서로에게 장애를 일으키지 않는다. 이것이 석주에 새겨진 글의 묘미라고 할 수 있다.

그리고 두 석주의 뒷면과 측면 기둥에는 모두 여섯 글자의 진언과 함께 몇 가지 문양이 새겨져 있다. 진언은 관세음보살의 육자대명왕진언(六字大明王眞言)인 '옴마니반메훔'이고, 문양은 연꽃을 비롯하여 '卍'자, 십바라밀도 중 성중원월(星中圓月)·좌우쌍정(左右雙井)·원월(圓月) 등을 새겨놓아 상징성을 한껏 부각시켜 놓았다.

• 입석과 등롱석

극락전 구역 입구에 커다란 자연석 위에 세워져 있는 입석(立石)이 있다. 사각형의 석주를 3m 높이로 세우고 그 위에 돌로 봉황새를 조각하여 올려

불이문

놓았는데, 새는 대웅전 쪽을 바라보게 앉혀 주목된다. 석주의 동쪽 면에는 한글로 '나무아미타불'을, 북쪽 면에는 한자로 '南無阿彌陀佛'을 새겼으며, 남쪽 면에는 '대방광불화엄경(大方廣佛華嚴經)'이라는 글이 새겨져 있다.

서쪽의 연기(年記)는 무진년인 1928년에 이 석주를 세웠음을 나타낸 것이고, 나무아미타불의 글씨는 보는 이로 하여금 자연스럽게 염불공덕을 쌓을 수 있도록 한 것이다. 이 석주는 사역을 나타내는 표석(標石)의 기능과 함께 참배객을 경건하게 만드는 경배의 대상물로 조성되었을 것이다.

• 불이문

건봉사 전체 가람의 정문에 해당하는 불이문(不二門)은 1920년에 세운 것으로, 유일하게 6 · 25전쟁의 전화를 면한 건물이다.

자연형의 장대석 위에 넓이 70cm의 주춧돌을 놓고 그 위에 1.5m의 둥근 석주를 세웠다. 석주의 가운데 부분은 약간 볼록한 배흘림을, 정상부에는

부도밭과 비림

돌림띠를 돌출시켰으며, 앞쪽 석주의 정면에는 커다란 금강저(金剛杵)를 새겨 놓아 눈길을 끈다.

천왕문을 따로 건립할 수 없었던 당시의 경제사정에 의해 불이문에다 금강저를 그려서 사찰 수호의 기능까지 보탠 것으로 추정할 수도 있을 것이다. 그리고 석주 위로 나무 기둥을 다시 세우고, 그 위로 다포계 겹처마의 팔작지붕을 올려놓았다. 정면 처마 밑에 걸린 불이문 편액은 해강(海岡) 김규진(金圭鎭)의 글씨로서 매우 단정하면서도 힘이 있다.

• 부도밭과 비림

불이문을 벗어나 약 500m 가량 내려오면 건봉사의 부도밭이 있다. 그곳에는 50기가 넘는 부도와 비 12기가 도열하고 있어 그야말로 부도의 밭이요, 비의 숲(碑林)이라는 느낌을 들게 한다. 건봉사의 그 어떤 곳에 못잖은 성스러운 곳이다. 대략의 내용을 설명해보면 다음과 같다.

먼저 중앙 위치에 나란히 서 있는 비들의 성격을 살펴보면, 건봉사의 역사를 기록한 사적비 1기와 만일회연기(萬日會緣起)를 밝힌 비 2기, 고승의 생애 및 기념할 만한 사실을 적어 놓은 비 8기, 군수의 선공비(善功碑) 2기가 있다. 이들 중 특히 눈길을 끄는 것은 건봉사사적비와 운파당비(雲坡堂碑)이다.

높이 4.95m에 이르는 사적비는 1906년에 건립한 것으로, 용두형(龍頭形)의 귀부 위에 낮은 비좌를 새기고 그 속에 비신(碑身)을 세웠으며 비신 위에는 머릿돌로써 역사다리꼴 모양의 이수(螭首)가 얹혀져 있다. 이수의 네모 형태 곽의 앞면과 뒷면에는 쌍룡이 구름 속에서 노니는 모습을 화려하게 조각하였고, 좌우면에는 정면에서 본 용의 얼굴을 새겨 놓았다. 그리고 이수 꼭대기의 앙화(仰花) 위에 꽃잎 모양의 보주(寶珠)를 놓고 보주 중앙에 범자 '옴'을 새겨 놓았다.

운파 스님의 비는 1730년(영조 6)에 세워졌고, 높이는 4.13m이다. 송암당대사비는 당대의 대강사 의천(義泉) 스님의 생애를 기록한 것으로, 1771년(영조 27)에 세웠다. 거칠게 다듬은 비대석 위에 오석으로 만든 비신을 놓고, 비신을 덮는 연꽃 모양의 옥개석을 올렸는데, 옥개석 중앙에 '옴차림'이라는 호신진언(護身眞言)을 범자로 새겨 놓았다.

만일회동시생사리탑(萬日會同時生舍利塔)은 1851년(철종 5)에 개설한 염불만일회에 참여하였던 승려 10여 명이 1854년부터 1856년까지 3년 동안 살아 있는 몸에서 치주(齒珠)·안주(眼珠) 등 사리 26매를 내어 놓은 이적을 나투었는데, 이를 함께 모아 부도에 모신 것이다.

재가인의 것으로는 처사 김계화(金桂花)와 법해당최씨(法海堂崔氏)의 생사리탑이 서쪽 부도군 속에 각각 자리를 잡고 있다.

■건봉사 포교당

고성군 간성읍 신안리 363-1번지에 건봉사 포교당이 있다.

1915년 건봉사에서 신도들의 포교를 위해 지었던 간성포교원이 전신이다. 6 · 25전쟁으로 인해 출입이 금지되었으나 1954년 건봉사 재건위원회가 조직되어 현재의 자리에 임시 불당을 건립하였고, 1957년 대웅전과 승원(僧院)인 수마제원(須摩提院)을 지어 금강산 건봉사의 법맥을 잇기 위해 힘을 기울인 결과 현재 고성군의 포교중심사찰로서의 역할을 다하고 있다.

현존하는 건물로는 대웅전을 중심으로 수마제원 · 요사 · 중문 등이 있으며, 본사에서 옮겨왔다는 무애문(無碍門)과 표석(標石) 등의 석물 몇 점이 남아 있다.

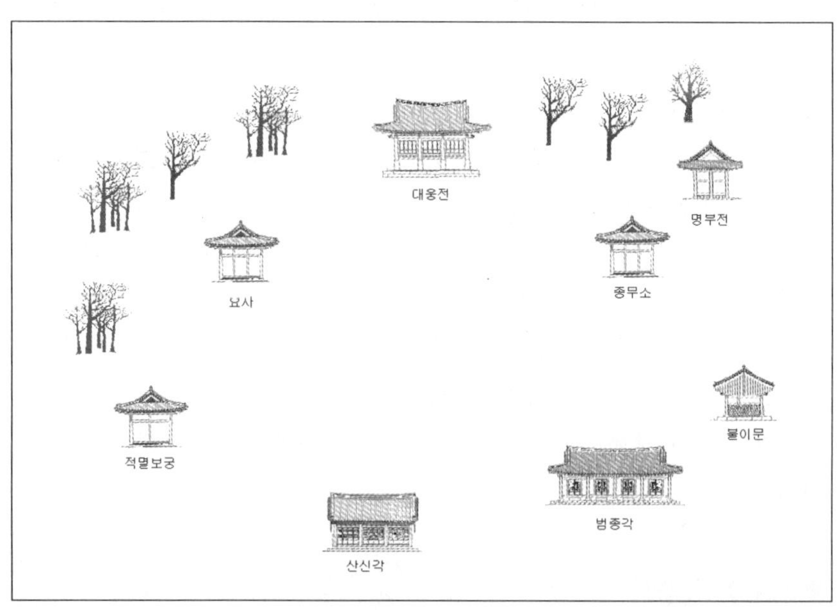

건봉사의 가람배치

극락암

■**위치와 창건**

극락암(極樂庵)은 고성군 간성읍 교동리 280번지에 자리한 대한불교조계종 제3교구 본사 신흥사의 말사이다.

극락암은 고려시대인 945년(혜종 2)에 창건된 고찰이다. 6 · 25전쟁 전까지만 하더라도 건봉사의 산내암자로 고성군 거진읍 냉천리의 묘적동(妙寂

극락암 내경

洞)에 자리잡고 있었다. 창건 이후 끊임없이 법등을 이어왔으나 1878년(고종 15) 4월 3일에 일어난 산불로 인해 건봉사와 함께 완전히 소실되었다. 1881년 봉진(奉眞) 스님이 중건하였으나 6 · 25전쟁으로 또다시 전소되었다. 그 이전까지만 하여도 극락암의 건물은 총 49칸으로서 건봉사 산내 5개 암자 중 가장 큰 규모를 갖추고 있었다.

1953년 휴전협정이 맺어지고 전쟁은 끝났으나 극락암이 있었던 곳은 비무장지대에 속하게 되어 절을 중건할 수가 없게 되었다. 이에 비구니 박법선(朴法善) 스님은 간성읍 광산리에다 8칸 규모의 인법당을 짓고 옛 극락암을 다시 중건할 때를 기다리고 있었다. 세월이 흘러 살아생전에 그것이 불가능함을 느낀 법선 스님은 1962년 간성읍 교동리 92번지로 이전 개축하였으나 이 또한 1965년 4월 23일의 화재로 다시 불타 버렸다.

하지만 어려운 여건 아래에서도 스님은 그해 7월 10칸의 인법당을 새로 지어 법등을 이었고, 1971년 9월 대웅전을 신축하여 6 · 25전쟁 이후 처음으로 독립된 법당을 갖추었다. 그리고 1974년 6월에는 요사 1동을 건립하였고, 1986년 8월 삼성각을 새로 지었다.

이후 법선 스님이 입적하자 그 뒤를 이은 제자 함덕현(咸德玄) 스님이 1990년 7월 대웅전을 중건하여 오늘에 이르고 있다.

■성보문화재

• 대웅전

앞면 3칸, 옆면 2칸에 팔작지붕으로, 1971년에 지은 것을 1990년에 고쳐 지은 건물이다. 대웅전 옆면과 뒷면에는 팔상도 8폭이 그려져 있다.

안에는 석가여래좌상을 중심으로 관세음보살과 대세지보살좌상, 후불탱 등이 봉안되어 있다. 그리고 삼존불 위쪽으로는 보궁형(寶宮形) 닫집이 있다. 왼쪽 벽면에는 1996년에 조성한 지장탱을, 오른쪽에는 신중탱을 봉안했다.

극락전 삼존불상

• **극락전**

대웅전을 향하여 오른쪽의 요사 옆에 극락전이 있다. 팔작지붕에 앞면 3칸, 옆면 2칸 규모이며, 1971년에 지었다.

안에는 감실 형태의 불단에 아미타 삼존불이 봉안되어 있는데, 아미타불의 좌우에는 보살상이 아닌 불상이 조성되어 있다. 또한 아미타후불탱이 감실 내 정면뿐 아니라 양 측면에 걸쳐 그려져 있다. 불단 양 옆에는 보관을 쓴 형태의 천불을 조성하였으며, 불단을 바라보고 우측 단에는 신중단을 마련하여 2001년에 조성한 신중탱을 봉안하였다.

• **삼성각**

대웅전 오른쪽의 높은 축대 위에 삼성각이 있다. 앞면 3칸, 옆면 2칸에 팔작지붕 건물이다. 외부 좌우 측벽에는 자연 속에 홀로 앉아 있는 독성(獨聖)과 호랑이와 함께 앉아 있는 산신, 그 옆으로 영지나 산삼을 따는 동자들이

부도와 공덕비

그려져 있고, 건물 뒷면에는 자연 속에서 책을 읽고 자연 경관을 감상하며 술과 함께 한담(閑談)을 즐기는 신선들의 모습이 그려져 있다.

중앙에는 치성광여래도가, 그 좌우에는 각각 산신탱과 독성탱이 조성되어 있고, 맞은편 문 위에는 1986년 10월 30일 삼성각 중창에 참여하였던 시주자의 방명록 현판이 두 점 걸려 있다.

• 칠층석탑

사찰 앞 마당에 1997년 백제계 석탑의 모습을 번안해 만든 칠층석탑이 있다.

석탑의 하단에는 2단의 기단을 두고 기단 상부에 7단의 탑신과 옥개석을 얹었다. 최상층의 옥개석 상부에는 노반, 복발, 앙화, 보륜, 수연 등 상륜을 구성하는 주요 부재를 사용해 화려하게 만들었다. 각 층의 탑신에는 네 모서리에 기둥의 모습을 표현했으며, 특히 1층 탑신의 네 면에는 사불(四佛)의 모습을 각각 1구씩 양각으로 새겨 놓았다. 그 아래 기단부 상층에도 8금강의 모습을 한 면에 2구씩 고부조로 표현하였다. 이 외에도 석탑의 주위에는 난간을 둘러 외부와 구분하고 있다.

• 부도 및 비석

절 경내 입구 왼쪽에 부도 및 비석이 서 있다. 왼쪽에 근래에 조성한 비구니 법선 스님의 석종형 부도를 비롯하여 오른쪽에 1989년에 세운 '陽根孺人 咸氏 寶明華'와 '江陵后人 金公 榮燦'의 공덕비, 그리고 중앙에는 1978년에 극락암 불교부인회가 법선 스님의 공덕을 기리기 위해 조성한 비석이 있다.

극락암의 가람배치

화암사

■위치와 창건

화암사(禾巖寺)는 고성군 토성면 신평리 476번지 금강산에 자리한 대한불교조계종 제3교구 본사 신흥사의 말사이다.

화암사까지 버스가 운행하지 않기 때문에 승용차를 이용하여야만 한다. 서울 방면에서 갈 경우 미시령을 넘어서 마지막 부근에 잼버리대회장이 나

화암사 내경

타나는데, 이곳에서 표지판을 보고 우회전을 하면 쉽게 찾을 수 있다. 속초에서 갈 경우 척산온천을 지나 미시령으로 오르는 길에 대명설악레저타운을 지나면 표지판이 나타나는데, 이곳에서 5분 정도 들어가면 화암사가 나타난다.

화암사가 자리한 곳은 금강산의 남쪽 줄기에 닿아 있고, 남쪽에서 보면 금강산이 시작되는 신선봉 바로 아래에 위치해 있는 형상을 취하고 있다. 그래서 「화암사사적기」 등의 문헌에서 모두 금강산이라 표기하고 있다.

769년(혜공왕 5) 진표(眞表)율사가 이 절을 창건하고 금강산 화엄사(華嚴寺)라 하였다. 사적기에 의하면 당시 금강산으로 들어온 진표율사는 금강산의 동쪽에 발연사(鉢淵寺)를, 서쪽에는 장안사(長安寺)를, 남쪽에 이 화엄사를 창건하였는데, 화엄사라 이름 지은 까닭은 이곳에서 『화엄경』을 강하여 많은 중생을 제도하였기 때문이라고 한다. 당시 『화엄경』을 배운 제자 100명 가운데 31명이 어느 날 하늘로 올라갔으며, 나머지 69명도 무상대도(無上大道)를 깨달았다고 한다. 또 진표율사는 이곳에서 지장보살의 현신을 친견하고 그 친견한 자리에 지장암을 창건하여 화엄사의 부속암자로 삼았다는 기록도 전한다.

이와 같이 신이한 창건연기를 지닌 화암사의 역사는 조선 인조 때부터 상세하게 전해지고 있다. 그 이전의 역사는 고려시대인 941년(태조 24)에 월영암(月影庵)을 창건하였다는 것과, 조선시대에 들어서서 1401년(태종 1) 지장암을 동쪽으로 옮기고 미타암으로 개칭하였다는 사실뿐이다.

조선 인조 이후의 역사도 순탄하지만은 않았다. 이 절에도 설악산 백담사처럼 화재가 빈번하였던 것이다. 이는 절 남쪽의 '수바위[秀巖]'와 코끼리처럼 생긴 바위의 맥이 서로 상충하는 자리에 화암사가 자리 잡고 있기 때문에 수바위가 뿜어내는 열기를 이겨내지 못해 불이 자주 난다고 해석하는 사람들이 많다.

「화암사사적기」에 기록된 첫 번째 화재는 1623년(인조 1)에 있었고, 3년 뒤인 1625년에 중건하였다. 1628년에 광명(廣明) 스님이 안양암(安養庵)을 창건하였고, 화엄사에 지장보살상을 조성 봉안하였다. 그러나 1635년 산불로 인해 화엄사가 불타 버렸다. 이에 절터 동쪽 20리 지점으로 임시 이전하여 향화(香華)를 올리다가 1644년에야 다시 옛터에 중건하였다. 약 20년이 지난 1662년(현종 3) 세 번째 화재가 있어 중건하였고, 1716년(숙종 42)에는 산적들이 불태웠다. 이듬해 승려들은 동쪽으로 10리 가량 떨어진 무릉도(武陵島)에 초가를 짓고 거주하다가 1721년(경종 1)에 옛 절터로 돌아와 중건하였으며, 해성(海城) 스님은 안양암을 중수하였다. 1760년(영조 36) 다섯 번째 화재로 대웅전과 향각(香閣) · 승당(僧堂)이 불타버리자 이듬해 승당을 먼저 세우고, 1762년 대웅전과 향각을 중건하였다.

1794년(정조 18)에는 화성당(華城堂) 도한(道閑) 스님이 이 절의 약사전에서 나라를 위한 기도를 주야 3 · 7일(21일) 동안 올렸다. 그런데 기도가 끝나자 방광이 뻗쳐 그 빛이 궁궐의 뜰에까지 이르렀다고 한다. 이에 정조임금은 제조상궁 최씨를 이 절에 파견하여 도한 스님을 궁궐로 데려오도록 하였다.

스님으로부터 자세한 경위를 들은 정조는 크게 감격하여 화엄사를 가순궁(嘉順宮)의 원당으로 삼고 요사 2동을 지어 주었다. 그리고 2년 뒤인 1796년에는 미타암의 화응전(華應殿)을 정조의 원당으로 정하여 관음보살상과 정조의 친필 병풍 6폭, 연(輦) 등을 하사하고 화엄사의 사방금표(四方禁標, 사찰주변 사방 몇 리 이내로는 민간의 수렵 · 어로 · 벌채 등을 금지한다는 표시)를 정하여 주었다. 이로써 화엄사는 창건 이래 가장 큰 사역을 형성할 수 있었다.

1860년(철종 11)에 일어난 산불로 큰절뿐 아니라 암자까지 완전히 소실되고 말았다. 그러나 좌절하지 않고 춘담(春潭) 스님을 중심으로 중건에 착수하였다. 전국 여러 곳을 다니며 시주를 모으고 왕실의 도움을 받아 화엄사와 안양암을 중건하였으며, 수봉(穗峰) 스님은 탱화를 조성하였다.

중건을 완료한 지 불과 4년 후인 1864년(고종 1)에 화엄사는 다시 산불 속에 휩싸였다. 불타지 않은 승당에 임시 법당을 마련한 승려들은 감히 중건의 엄두를 내지 못하다가 1864년 지장탱화와 신중탱화, 현왕탱화를 조성 봉안하였다. 그리고 화재를 면할 수 있는 방책을 찾았다. 그 결과 풍수지리에 입각해서 볼 때 수암과 코끼리바위의 맥이 상충하는 자리를 피하여 100m 아래에다 절을 짓기로 하였다. 이에 수봉 스님은 1872년 새로운 터에 법당 · 영각(影閣) · 누각 · 요사를 지어 절을 중건하였다. 그리고 1882년에는 자허(秄虛)와 선월(船月) 스님이 철원 장구사(長久寺)로부터 아미타여래좌상과 약사여래좌상을 모셔와 봉안하였다.

1893년에는 폭우로 인한 산사태로 안양암이 붕괴되어, 이듬해 축성(竺星) 스님이 중수하였으며, 1909년 영운(影雲) 스님은 안양암에 칠성각을 지었다.

1912년 전국 31본산 중 고성 건봉사의 말사가 되면서 이전부터 사용해 왔으나 각종 기록에는 쓰이지 않았던 화암사(禾巖寺)라는 이름을 공식 명칭으로 사용하였다. 그러나 1915년 9월 화암사는 또다시 불타 버렸고, 두 해가 지난 1917년에 중건하였다. 그 뒤 6 · 25전쟁으로 크게 파손되어 1동만 남게 되었다. 휴전 후 건봉사 극락암에 있던 비구니 스님이 정착하여 화암사를 지키다가, 1986년 주지로 온 양설(良說) 스님이 세계잼버리대회에 맞추어 질을 중창함으로써 나시 대찰의 면모를 갖추게 되었다.

■수바위와 욕심쟁이 객승 설화

화암사 남쪽 300m 지점에는 왕관 모양의 우람한 수바위가 있다. 진표율사를 비롯하여 화암사의 역대 고승들이 좌선수도를 하였다고 전해지는 이 수바위 꼭대기에는 깊이 2m, 지름 20cm 정도 되는 우물이 있다. 극심한 가뭄에도 이 물만은 마르지 않는다고 하며, 오히려 가뭄이 심할 때 이 물을 떠서 주위에 뿌리고 기우제를 올리면 비가 온다는 말이 전해지고 있다. 이 마

수바위(수암)

르지 않는 우물 때문에 수바위를 '水巖' 으로 표기하는 사람도 있으나, 바위 모양이 워낙 빼어나기 때문에 예부터 '秀巖' 이라 하였다.

수바위에는 욕심 많은 이에게 교훈을 주는 전설이 전해지고 있다.

화암사는 민가와 멀리 떨어져 있어 스님들이 시주를 구하기가 쉽지 않았다. 어느 날 이 절에 있던 두 스님은 백발노인이 나타나는 꿈을 동시에 꾸었다. 백발노인은 수바위에 있는 조그마한 구멍을 일러 주면서, 끼니 때마다 그 구멍에 지팡이를 대고 세 번을 흔들라고 하였다. 잠에서 깨어난 두 스님이 이른 아침 수바위로 달려가 노인이 일러 준 대로 하였더니 두 사람 분의 쌀이 쏟아져 나오는 것이었다. 그 뒤 두 스님은 식량 걱정 없이 수행에만 열중할 수 있었다.

몇 년이 지난 어느 날 화암사를 찾아온 객승은 이 신기한 사실을 알고 욕심을 일으켰다. '세 번 흔들어서 두 사람 분의 쌀이 나온다면, 삼백 번 흔들면 이백 사람 분의 쌀이 나올 것이 아닌가.' 이렇게 생각한 객승은 몰래 수

바위로 올라가 쌀구멍에 지팡이를 대고 수도 없이 흔들어 버렸다. 그러나 쌀이 나오기는커녕 구멍에서는 피가 흘러나왔고, 그 뒤로는 수바위에서 쌀이 나오지 않았다고 한다.

■성보문화재

일주문을 지나 길을 따라 가면 왼쪽에 별도로 마련된 공간에 부노밭이 있다. 여기를 지나 얕은 개울 위를 가로 지른 금강교를 건너면 널찍하게 펼쳐진 화암사 경내가 보인다.

화암사 경내는 2단으로 이루어진 것이 특징이다. 아래쪽에는 전통찻집 난야원과 요사인 아미타전 · 화장실 등이 있고, 높다란 계단을 따라 올라가면 잔디가 가지런히 심어져 있는 마당이 있으며 정면에 대웅전이, 그 왼쪽에 명부전과 종무소가 있다. 종무소 맞은편 경치 좋은 곳에 종각이 세워져 있다. 또 대웅전 뒤편으로는 삼성각과 요사가 있다.

화암사 내경, 정면은 수바위

대웅전

대웅전 아래쪽은 금강교를 시작으로 금강루 · 요사 등으로 이루어져 있다. 이 중 금강교는 아래로 세 개의 홍예를 만들고 그 위로 보도를 만들어 경관이 뛰어나다. 2층 누각 금강루는 그 기능과 동떨어진 곳에 위치한다. 원래 사찰의 누각은 대웅전 앞에 두어서 설법 또는 예배의 장소로 사용하기 마련인데, 현재의 위치에 두면 전망대나 쉼터의 구실밖에는 할 수 없는 단점이 있다.

화암사는 현재 강원도문화재자료 제114호로 지정되어 있다.

• 대웅전

앞면과 옆면 각 3칸씩의 팔작지붕 건물로 1991년 7월에 완공하였다. 올라가는 계단에는 용을 새겨 이 법당이 반야용선임을 상징적으로 나타냈으며, 화강암으로 쌓은 석단도 건물과의 조화를 염두에 둔 듯 견고하게 쌓았으며, 입구의 꽃문살이나 단청도 매우 화려하면서 정교하다.

대웅전 내부에는 높다란 불단 위로 석가모니와 관음 · 세지보살로 구성된 석가삼존불이 봉안되어 있고, 불상 뒤편으로는 흑색 바탕에 금선으로 그린 흑탱화가 걸려 있다. 불단 상부에는 붉은색의 보궁형 닫집이 있는데, 상부에는 구름 속을 노니는 두 마리의 용과 극락조 등이 조각되어 화려한 모습을 보여 주고 있다. 본래 대웅전에는 1863년(철종 2)에 그린 신중탱이 있었다.

• 명부전

대웅전을 향해 오른쪽으로 앞면 3칸, 옆면 2칸의 맞배지붕을 한 명부전이 있다. 대웅전과 함께 1991년 7월에 완공하였으며, 안에는 불단을 만들고 지장보살삼존상과 시왕 · 인왕상 · 동자 · 동녀 등이 봉안되어 있다. 지장삼존상 중 무독귀왕과 도명존자의 양 옆에 각각 익살스러운 모습의 사자(使者)를 배치한 점이 독특하다. 삼존상 뒤편으로는 현대에 조성한 지장탱화가 걸려 있다.

그리고 중건 이전의 법당에 봉안되어 있던 가로와 세로 2m 크기의 지장탱화는 요사에 별도로 보관되어 있다. 대웅전의 신중탱화와 같이 1863년에 그린 이 탱화의 중앙부분 전체에는 오른손에 보주를 들고 왼손으로 육환장을 잡고 있는 지장보살이 높은 연화좌대 위에 좌정하고 있으며, 연화좌대 좌우에는 지상보살의 협시인 도명존자와 무독귀왕을 비롯하여 명부의 10대왕이 도열해 있다. 그리고 탱화의 상부 좌우에는 대왕을 대신하여 심판을 하는 판관과 기록 및 문서를 담당하는 녹사(錄事), 도량을 지키는 장군, 시봉을 드는 동자, 수명이 다한 사람을 잡아간다는 저승사자, 우두(牛頭神)과 마두신(馬頭神)이 그려져 있다. 이들 중 우두신과 마두신, 그리고 저승사자의 모습은 특히 재밌게 묘사되어 있다.

명부전 지장보살상

• 삼성각

삼성각은 대웅전 뒤쪽 길을 따라 왼쪽에 있는 요사를 지나 높은 축대 위에 세워져 있다. 앞면 3칸, 옆면 2칸의 직사각형 모양이며 맞배지붕을 하고 있다.

내부 불단 위에는 상(像) 없이 탱화만을 봉안하였다. 중앙에는 칠성탱을, 불단을 바라보고 왼쪽에는 산신탱을, 오른쪽에는 독성탱을 두었다. 화기에 의하면 칠성탱은 1982년에 조성하였고, 독성탱은 1981년에, 산신탱은 1년 후인 1982년에 제작한 것임을 알 수 있다.

또한 전각 내부와 외부는 벽화로 장엄되어 있는데, 불전임에도 불구하고 청록 산수를 주제로 한 점이 독특하다. 내부에는 세존봉(世尊峰) · 천선대(天仙台) 등 금강산의 절경이 그려져 있고, 외부의 옆면과 뒷면에도 산수를 중심으로 동자와 호랑이 등이 표현되어 있다.

부도밭

• **부도**

일주문을 지나 따라 올라가다 보면 길 왼편으로 잘 정돈된 부도밭이 자리 잡고 있다. 이 공간에는 춘담대법사(春潭大法師)의 비석을 비롯하여, 화곡(華谷), 영담(影潭), 원봉(圓峯), 청암(淸巖) 스님 등의 부도 15기가 모셔져 있어, 이를 통해 화암사의 오랜 역사를 짐작해 볼 수 있다. 대부분 석종형 부도로 조선시대에 건립된 것으로 추정된다.

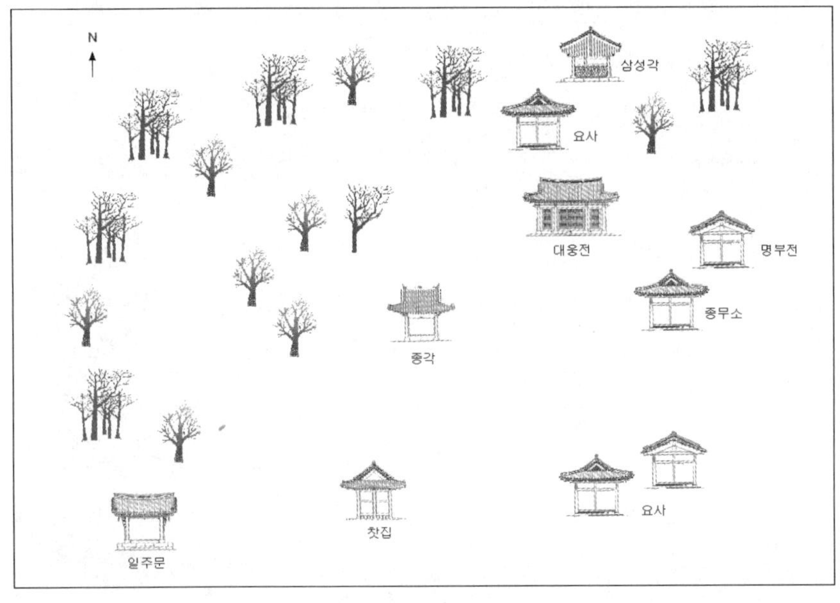

화암사의 가람배치

2. 춘천시의 전통사찰

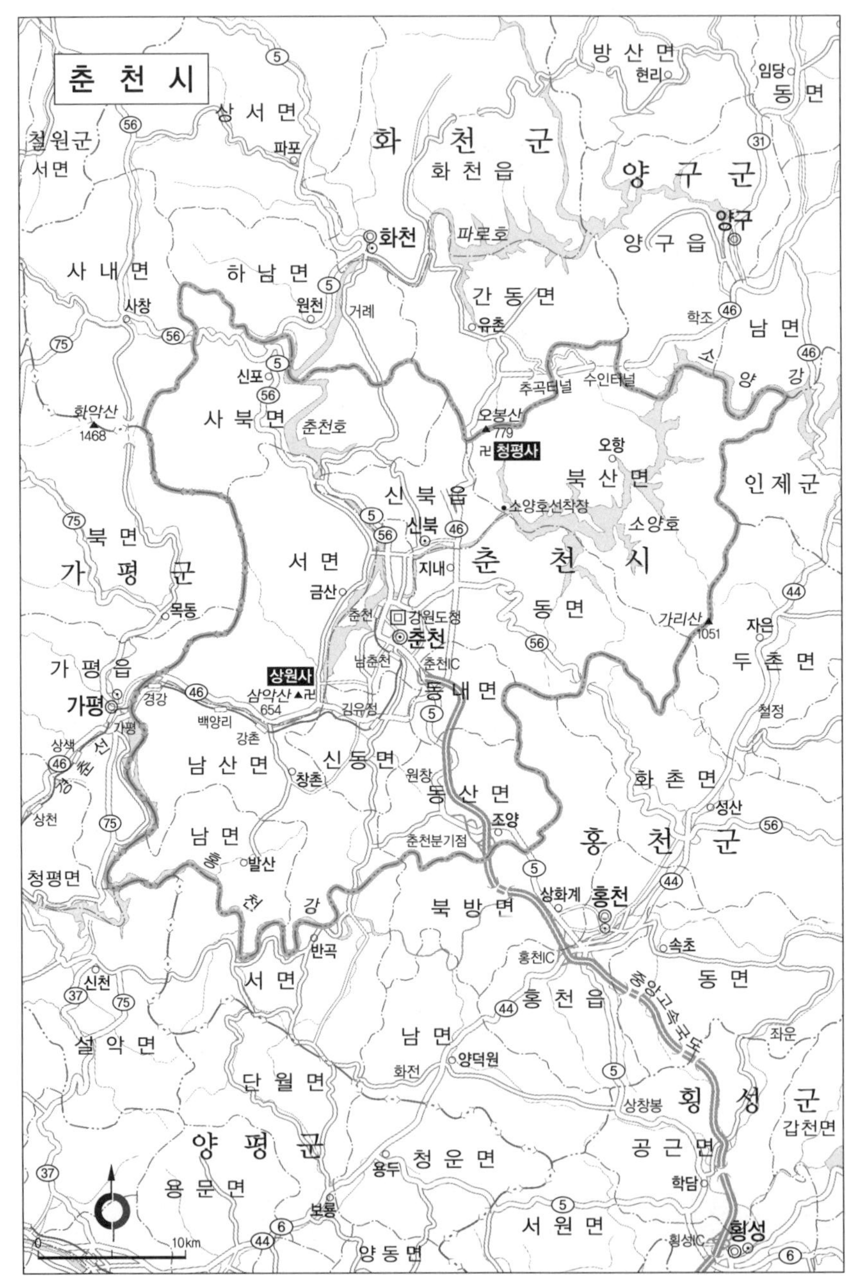
춘 천 시
상 서 면
철원군
서면
파포
화 천 군
화 천 읍
방 산 면
현리
임당
동 면
양 구 군
양구
양 구 읍
화천
파로호
사 내 면
하 남 면
원천
거례
간 동 면
유촌
학조
남 면
사창
신포
사 북 면
춘천호
화악산
1468
추곡터널
수인터널
소 양 강
오봉산
779
청평사
오항
북 산 면
인제군
신 북 읍
소양호선착장
소양호
북 면
신북
가 평 군
서 면
지내
춘 천 시
금산
목동
춘천
강원도청
동 면
가리산
1051
자은
두 촌 면
가 평 읍
춘천
남춘천
춘천IC
상원사
동 내 면
가평
경강
삼악산
654
김유정
철정
백양리
가평
강촌
상색
경 춘 선
남 산 면
창촌
신 동 면
원창
화 촌 면
동 산 면
성산
상천
조양
남 면
발산
춘천분기점
홍 천 군
청평면
홍 천 강
상화계
홍천
북 방 면
반곡
홍천IC
속초
신천
서 면
중앙고속국도
동 면
홍 천 읍
설 악 면
남 면
좌운
양덕원
화전
단 월 면
상창봉
횡 성 군
갑천면
양 평 군
청 운 면
공 근 면
용두
용 문 면
학담
보룡
서 원 면
0
10km
횡성
횡성IC
양 동 면

춘천시의 역사와 문화

춘천시(春川市)는 강원도 중서부에 위치한 강원도청 소재지로서 호수를 배경으로 한 호반의 도시이다. 동쪽은 인제군 · 홍천군, 서쪽은 화천군과 경기도 가평군, 남쪽은 홍천군 · 가평군, 북쪽은 화천군 · 양구군과 접한다. 인구는 2005년 말 현재 25만6,454명, 행정구역은 1개 읍, 9개 면, 15개 법정동으로 이루어져 있다.

춘천 지역의 지형은 흔히 소쿠리 모양의 분지로 일컬어지는데, 그 북쪽에 오봉산 줄기, 서쪽에 삼악산 줄기, 서남쪽에 봉화산 줄기, 동남쪽으로는 대룡산 줄기가 병풍처럼 둘러 있다. 남북으로 길게 타원형을 이루며 형성된 분지의 중심부에는 춘천 지역의 중요한 수자원인 북한강과 소양강의 두 줄기가 합쳐 흐른다.

주요 산으로 춘천 분지 북부를 둘러싼 오봉산지(五峰山地)에 사명산(四明山, 1,198m), 동쪽 대룡산지(大龍山地)에 가리산(加里山, 1,051m), 서쪽 삼악산지(三岳山地)에 응봉(鷹峰, 1,436m) · 촛대봉(燭臺峰, 1,125m), 남쪽 봉화산지에 검봉산(劍峰山, 530m) 등이 있다. 분지 안에는 의암호 북쪽에 우두산(牛頭山, 140m), 호수 남쪽에 춘천의 진산인 봉의산(鳳儀山, 302m), 호수 서쪽에 장군봉(將軍峰, 187m) 등의 잔구들이 있다.

강으로는 금강산에서 발원하여 내려오는 북한강 본류와 설악산에서부터 내려오는 소양강이 춘천 분지의 중심부에서 만나 하류로 흘러간다. 하천은 분지를 중심으로 북동쪽에서 소양강, 북서쪽에서 북한강이 흘러 분지 안에서 합류하여 남서류하다가 홍천군과의 경계를 따라 서류하는 홍천강과 합류한다. 공지천은 춘천시 동내면과 동산면의 경계지인 응봉에서 발원하여 북서쪽으로 흘러 신촌리에서 동쪽에서 오는 곰실내를 합류하면서 춘천시

남부를 흘러 의암호로 흘러드는 하천이다.

댐으로는 1965년 2월에 준공된 춘천댐, 1967년 12월에 준공된 의암댐이 있으며, 댐으로 형성된 청평호 일부와 춘천호 · 의암호 · 소양호 등의 호수가 있고, 청평호에 의해 남이섬, 의암호에 의해 위도 · 중도 · 붕어섬 등 하중도가 발달해 있다.

춘천 지역에 사람이 살기 시작한 때는 구석기시대이며, 삼한시대에 소국을 이루고 있었다. 신라가 삼국을 통합하기 전까지는 대체로 고구려 영역에 속해 있었는데, 신라의 영향권에 속한 뒤 637년(선덕왕 6)에 우수주(牛首州)를 설치하고 군주(軍主)를 두었다고 한다. 삼국통일 후인 673년(문무왕 13) 수약주(首若州)를 설치하였고, 신문왕대에 1소경(小京)과 12군 26현을 관할하였다. 경덕왕대에 삭주(朔州)로 개칭했다가 뒤에 광해주(光海州)로 다시 바뀌었다.

고려에서는 940년(태조 23) 광해주에서 춘주(春州)로 고쳐졌다. 조선시대에 와서는 1413년(태종 13) 춘천군으로 개칭되었고, 인구 1천 호가 넘는 지역으로서 도호부(都護府)로 승격되었고, 1888년(고종 25) 유수부로 개편되었다. 1895년 갑오개혁 때 강원도는 강릉부와 춘천부로 개편되어 이듬해 춘천부는 춘천군 · 원주군 · 강릉군 · 회양군 · 양양군 · 철원군 · 이천군 · 삼척군 · 영월군 · 평해군 · 통천군 · 정선군 · 고성군 · 간성군 · 평창군 · 금성군 · 울진군 · 흡곡군 · 평강군 · 김화군 · 낭천군 · 홍천군 · 양구군 · 인제군 · 횡성군 · 안협군 등 26개 군을 관할하게 되었다. 약 500년 동안 원주에 있던 감영(監營)이 춘천으로 옮겨지게 되었다.

1931년 4월 1일 춘천면이 읍으로 승격되었고, 1946년 6월 1일 춘천읍이 춘천부로 승격되어 24개 동을 관할하였다. 춘천군은 춘성군으로 개칭되었으며, 1949년 춘천부는 춘천시가 되었다. 1995년 1월 1일 춘천시와 춘성군이 통합되어 새로운 춘천시가 되어 오늘에 이른다.

상원사

■위치와 창건

상원사(上院寺)는 춘천시 서면 덕두원리 54-3번지 삼악산(三岳山)에 자리한 대한불교조계종 제3교구 본사 신흥사의 말사이다.

강원도의 전통사찰 가운데 절 마당까지 승용차가 들어갈 수 없는 유일한 사찰이 바로 이 상원사이다. 입구의 삼악산 매표소에서 약간은 가파른 등산

상원사 내경

로를 30분 가량 올라가면 주변의 경치가 더없이 빼어난 상원사 경내에 들어설 수 있다.

상원사의 창건연대 및 창건자는 알려져 있지 않다. 관계기록은 없고, 신라시대에 창건하였다는 구전이 있을 뿐이며, 그 뒤의 역사도 거의 전하지 않는다. 다만 조선 후기부터의 역사가 『유점사본말사지』에 기록되어 있다. 1858년(철종 9) 금강산에서 온 풍계(楓溪) 선사가 고정암(高精庵)을 중건하여 상원사로 편액을 바꾸었다고 한다. 이를 통해 삼악산 내에는 원래 상원사가 있었으나 화재로 소실되었고, 다시 중건할 여력이 없자 부속암자인 고정암을 고쳐 상원사라 했던 것으로 추측해 볼 수 있다.

그 뒤 1904년 주지 최웅(最雄) 스님이 신도 조철문의 시주를 받아 산신각과 칠성각을 신축하였으며, 1930년에는 주지 보련(寶蓮) 스님이 운송(雲松) 스님과 힘을 합쳐 중건하였다. 이때 상원사에는 16평 크기의 인법당과 4평 규모의 산신각, 8평의 요사가 있었으며, 주불로는 목조 관음보살좌상을 모

상원사에서 내려다본 소양강

시고 있었다.

그러나 1950년에 일어난 6 · 25전쟁으로 완전히 불타 버렸다가, 1954년 보련 스님이 인법당과 칠성각을 중건하였고, 1984년 대웅전을 짓고 오늘에 이른다.

■성보문화재

상원사에는 대웅전과 삼성각 · 요사 등 건물 3동과 석탑 1기가 있다. 건물 바로 뒤로는 암벽이 축대 역할을 하고 있다.

이 절에서 내려다보는 소양호와 춘천 시가지의 모습은 매우 아름답다.

• 대웅전

앞면과 옆면 각 3칸씩에 팔작지붕 건물이다.

내부의 중앙 불단에는 아미타불을 중심으로 좌우에 관음보살과 세지보살

대웅전 삼존불상

이 협시하는 아미타삼존상이 봉안되어 있다.

삼존불상 뒤에는 아미타후불탱이 있고, 왼쪽 벽의 신중단에는 1987년에 조성한 신중탱이 걸려 있다. 반대편에도 또 하나의 불상이 봉안되어 있다.

• 삼성각

대웅전 뒤에 있으며 앞면 2칸, 옆면 1칸의 맞배지붕 건물이다.

처마 아래에 '산왕전(山王殿)' · '칠성각(七星閣)' 등 두 개의 편액이 걸려 있다.

내부에는 1990년대까지만 하더라도 1954년에 봉안한 칠성탱을 중심으로 1977년에 그린 산신탱과 1990년에 그린 독성탱이 있었으나, 지금은 모두 2002년에 새로 그린 그림으로 바뀌었다.

석탑 부재

또한 전각 외부의 오른쪽 벽에는 호랑이 두 마리가 그려져 있어 이 건물이 산신각임을 나타내고 있다.

• 석탑

절 입구에 있는 소형의 석탑으로, 현재 세 단의 옥개받침을 갖춘 두 층의 옥개석(屋蓋石)만 남아 있지만, 꽤 오래된 탑임을 알 수 있다.

• 기타

절 주위에 산신기도를 올리면 특히 영험이 많다고 하는 나한굴(羅漢窟)을 비롯하여, 통천굴(通天窟), 약천굴(藥泉窟) 등의 동굴이 있다.

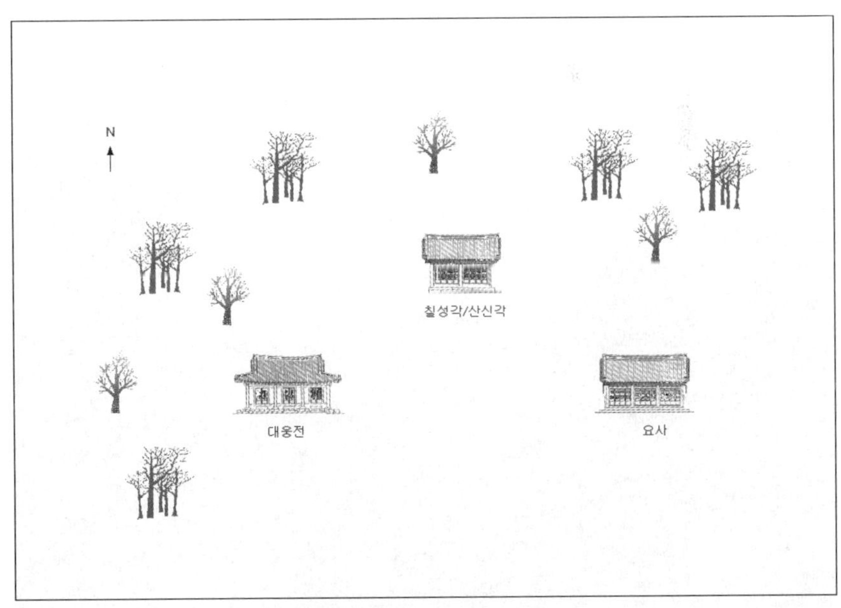

상원사의 가람배치

청평사

■위치와 창건

청평사(淸平寺)는 춘천시 북산면 청평리 675번지 오봉산(五峰山)에 자리한 대한불교조계종 제3교구 본사 신흥사의 말사이다.

청평사로 가는 길은 춘천 시내 소양댐 입구 주차장에 차를 세워두고 걸어 올라가면 된다. 대중교통을 이용할 경우, 시내에서 소양댐으로 가는 버스가

청평사 내경

이자현이 머물렀던 청평사의 「청평식암」 마애각자

자주 운행되며 25분 가량 걸린다. 춘천역 · 남춘천역에서는 소양댐으로 가는 직행버스가 다닌다. 소양강댐에서 유람선을 타고 청평사에 이를 수도 있는데, 약 20분 정도 걸린다.

아름다운 오봉산을 베개로 삼고, 맑디맑은 소양호에 발을 담그고 있는 청평사는 고려정원(高麗庭園)으로도 일반인에게 널리 알려져 있다. 그러나 청평사가 고려시대 불교의 새로운 장을 펼친 역사의 현장이라는 것을 알고 있는 사람은 드물다.

청평사는 고려시대인 973년(광종 4) 중국의 영현(永賢) 선사가 오봉산의 옛 이름인 경운산(慶雲山)에 지은 백암선원(白岩禪院)이라는 참선도량에서 비롯된다. 그러나 얼마 되지 않아 백암선원은 폐사가 되었다. 1068년(문종 22)에 지금의 춘천인 춘주도(春州道)의 감창사(監倉使)로 부임한 이의(李懿)는 경운산을 사랑하여 백암선원의 옛터에 절을 짓고 보현원(普賢院)이라 하였다.

이 절이 역사상 유명한 사찰이 되고 대찰의 면모를 갖춘 것은 이의의 아들 이자현(李資玄, 1061~1125)이 이곳에 머물고부터다. 1089년(선종 6) 과거에 급제하여 대악서승(大樂署丞)이 된 그는 벼슬을 버리고 아버지가 세웠던 보현원으로 들어갔다. 당시 이곳에는 도둑과 호랑이와 이리가 들끓었지만 그가 들어오자마자 모두 자취를 감추었고, 자신은 문수보살의 진신(眞身)을 두 번이나 친견하였다고 한다.

그 뒤 이자현은 모든 것이 맑게 평정된 산이라 하여 산 이름을 청평산(清平山), 문수보살의 크나큰 지혜로 불법의 가장 요긴한 뜻을 깨달아 얻는 도량이라는 뜻으로 절 이름을 문수원(文殊院)으로 바꾸었다. 그리고 경내에 여러 전각을 짓고 견성암(見性庵)·양신암(養神庵)·칠성암(七星庵)·등운암(騰雲庵)·복희암(福禧庵)·지장암(地藏庵)·식암(息庵)·선동암(仙洞庵) 등 여덟 암자를 창건했다.

이곳에서 이자현은 나물밥 먹고 베옷 입으며 청빈한 생활을 하며 선(禪)을 즐기는 한편, 『능엄경』을 연구하면서 혼자 수도하였다. 그는 우리나라 능엄선(楞嚴禪)의 개창자요, 고려시대 선학독립(禪學獨立)의 제일인자로 평가받고 있는 고려의 대표적인 거사(居士)였다. 그를 존경했던 예종은 사람을 시켜 다향(茶香)과 금백(金帛)을 보내고 여러 번 궁궐로 청하였으나 끝내 응하지 않고 평생을 수도생활로 일관하였다.

그 뒤 고려 말의 고승 원진(圓眞)국사 승형(承逈) 스님이 이 절에 와서 이자현의 유적을 찾다가 '능엄경은 마음의 본바탕을 밝히는 지름길'이라는 이자현이 남긴 「문수원기(文殊院記)」를 읽고 마음 깊이 감명을 받아 이곳에 머물면서 『능엄경』을 공부하였다. 그 뒤 승형은 불법을 선양할 때 언제나 『능엄경』을 으뜸으로 삼았는데, 우리나라 선종에서 『능엄경』을 숭상하고 『능엄경』을 근본경전으로 삼게 된 것도 이자현이 문을 열고 승형 스님이 다시 천명한 데에서 비롯된 것이라는 평가가 있다. 따라서 청평사는 우리나라 능엄선의 근본종찰이라고도 할 수 있다.

그리고 1327년(충숙왕 14) 원나라 황제 진종(晉宗)의 황후는 불경과 함께 돈 만 꾸러미를 시주하여 그 이식(利息)으로 황태자와 왕자들의 복을 빌고, 그들의 생일에 승려들에게 공양을 올리는 반승(飯僧)을 행하도록 하였다. 이때 그 내력을 기록한 비를 세웠는데, 현재 비는 남아 있지 않지만 그 비문의 내용은 이제현의 『익재난고(益齋亂藁)』 권7과 『동문선』 등에 「유원고려국청평산문수사시장경비(有元高麗國淸平山文殊寺施藏經碑)」라는 제목으로 전한다.

1367년(공민왕 16) 당대의 고승 나옹(懶翁) 스님은 공민왕의 청에 따라 2년 동안 머물렀으며, 8암자 중 복희암에서 특히 많은 시간을 보냈다고 한다.

조선시대에 들어와서는 초기에 생육신(生六臣)의 한 사람인 김시습(金時習)이 승려가 된 뒤 이 절의 단향원(端香院)에서 머물렀으며, 그때 지은 시 6수가 『매월당집』에 있다. 1555년(명종 10) 판선종사(判禪宗師) 보우(普雨) 스님은 왕명으로 청평사 주지로 부임한 다음 2년여에 걸친 대대적 중창불사를 이룩하였다. 스님은 능인전(能仁殿)만 본래의 것을 조금 보수하였을 뿐, 극락전을 비롯하여 회전문(廻轉門) 등 모든 건물을 새로 지었고, 절 이름을 청평선사(淸平禪寺)로 바꾸었다. 현재 그때의 건물로는 보물로 지정된 회전문밖에 남아 있지 않지만, 일본 교토의 고메이지(光明寺)에는 1562년 보우 스님이 명종과 인순왕후(仁順王后)·문정왕후(文定王后) 등 궁중 일가의 성수를 기원하며 조성한 지장보살탱화가 전해지고 있다.

조선시대 후기인 1711년(숙종 37)에는 당대의 대강백으로 이름이 높던 환성(喚惺) 스님이 중수하였고, 1728년(영조 4)에는 각선(覺禪) 스님이 삼존불상을 조성하였다. 그러나 1861년(철종 12) 대웅전이 불타 버리자 이듬해 대웅전 자리에 요사를 건립하였고, 1880년(고종 17) 다시 불타 버린 것을 중건하였다. 1900년에는 문의 좌우로 행랑채 10칸을 연이어 세웠고, 1923년 여신도 박정명(朴貞明)이 논 19두락과 밭을 불량답(佛糧畓)으로 헌납하였으며, 1932년 주지 청암(靑庵) 스님이 불상을 개금하고 가사불사(袈裟佛

事)를 하였다.

그러나 1950년에 일어난 6·25전쟁 때 국보로 지정되었던 극락전을 비롯하여 대방, 산신각, 요사 등이 소실되었다. 그 뒤 한동안 쇠락되어 있었으나 공철(空徹) 스님은 1977년 극락보전과 삼성각을 중건하였고, 향봉(香峯) 스님은 1979년 해탈문과 적멸보궁을, 서호(西昊) 스님은 1984년 요사와 청평루(淸平樓)·서향원(瑞香院)을 다시 지었으며, 1988년 석진(石眞) 스님이 대웅전을 중건하였다.

■성보문화재

청평사의 현존 건물로는 대웅전을 중심으로 극락보전, 삼성각, 회전문, 적멸보궁, 범종각, 요사 등이 있다.

경내 아래로는 이자현이 조성한 영지 등으로 구성된 유명한 고려정원이 있고, 그 위 산자락에는 일명 공주탑으로도 부리는 삼층석탑이 있다. 절 경내 입구 안내판이 있는 곳 옆에는 이자현의 부도로 알려진 진락공(眞樂公) 부도와 환적당(幻寂堂) 부도가 있다.

• 대웅전

앞면과 옆면 각 3칸씩의 맞배지붕으로 조선시대 후기의 건물이다.

일반적으로 중심법당은 팔작지붕을 취하기 마련인데, 대웅전 위쪽에 있는 먼저 지은 극락보전을 의식했음인지 맞배지붕의 구조로 되어 있다.

내부의 중앙 불단에는 석가여래좌상과 연꽃을 든 문수보살·보현보살좌상이 삼존불을 이루고 있으며, 뒤쪽으로는 영산회상도가 걸려 있다. 삼존불 위의 보궁형(寶宮形) 닫집 중앙에는 구름 사이를 날아다니는 가릉빈가가 묘사되어 있고, 대체로 중앙에 두는 용을 앞쪽에다 묘사한 것이 특이하다. 그리고 불단을 향해 오른쪽 벽에는 1991년에 봉안한 천불탱이 있으며, 그 오른쪽으로는 부동명왕(不動明王) 밑에 동진보살을 묘사한 신중탱이 있다.

대웅전 석가여래삼존불상

이 대웅전 앞쪽으로는 주춧돌 등 여러 석재들이 흩어져 있는데, 이는 옛 청평루와 선당(禪堂)·승당(僧堂)의 터로 보이며 일명 구광전(九光殿) 터라고 한다. 특히 대웅전 계단의 양쪽 모서리 돌에는 연꽃무늬와 태극무늬가 함께 새겨져 있어 눈길을 끈다.

• 극락보전

앞면과 옆면 각 3칸씩의 팔작지붕 건물로 조선시대 후기에 지었다.

내부에는 아미타여래좌상을 중심으로 좌우에 연꽃이 꽂힌 감로병을 들고 있는 관세음보살과 대세지보살이 있다. 닫집은 옛 극락전의 모습을 그대로 살리기 위해 보개형(寶蓋形)으로 설치하였으며, 내부의 평판 속에는 황룡 한 마리를 나타내었다. 불단을 향해 좌측 벽에는 1979년에 그린 지장탱을, 오른쪽에는 1987년에 그린 신중탱을 봉안하였다.

극락보전

• **삼성각**

앞면과 옆면 각 1칸씩의 맞배지붕 건물이다.

내부에는 1979년에 그린 칠성탱 · 산신탱 · 독성탱이 봉안되어 있다. 칠성탱은 치성광여래삼존을 중심으로 불교의 칠불(七佛)과 도교의 칠원성군(七元星君)을 위아래로 구분하여 묘사하였으며, 독성탱은 천태산(天台山) 바위 위에서 염주를 굴리고 있는 나반존자와 천도복숭아 가지를 꺾어 들고 있는 동자의 모습이 묘사되어 있다.

• 적멸보궁

대웅전에서 500m 가량 걸어 올라가면 2기의 부도와 해탈문(解脫門)이 있고, 해탈문에서 다시 10분 가량 오르면 앞면 3칸, 옆면 1칸의 적멸보궁(寂滅寶宮)이 있다.

내부에는 불상을 모시지 않았고, 보궁 뒤쪽으로는 1979년에 건립한 오층석탑 1기가 있다. 무엇보다 중요한 것은 적멸보궁을 세운 이 자리가 옛날 이자현이 즐겨 머물렀던 식암(息庵)의 옛터라는 것이다. 그리고 보궁 바로 옆의 바위에는 '청평식암(淸平息庵)' 이라는 글씨가 커다랗게 새겨져 있다.

• 청평사 회전문

경내 출입문으로 조선시대에 지었고 현재 보물 제164호로 지정된 회전문

회전문

(廻轉門)이 있다. 이 회전문은 본래 천왕문(天王門)의 기능을 가졌던 청평사 제2의 산문(山門)이었다. 앞면 3칸, 측면 1칸의 단층 맞배지붕이며 중앙의 1칸을 넓게 잡아 통로로 하고, 좌우의 비좁은 협간(夾間)에는 벽을 터서 내부에 사천왕상을 안치할 수 있도록 하였다.

건물의 성격에 맞게 간소하게 꾸며져 있는 이 문의 천장 가구(架構)는 대들보와 마룻대공만으로 조립되어 있으며, 처마에는 부연(副椽)도 달지 않았다. 내부의 중앙 좌우에 기둥을 하나씩 세워서 대들보를 받치도록 하고, 그 상부에는 홍살문(紅箭門)처럼 살대를 가로로 배열하여 금문(禁門)임을 나타내고 있는 조선 중기의 건물이다.

실제로 출입문이자 천왕문의 역할을 하는 이 건물은 기능상 회전하고는 아무 상관이 없다. 그런데도 건물의 이름이 회전문으로 불리게 된 것은 고통과 생사의 세계를 끊임없이 흘러 다니며 유전(流轉)하는 중생들의 삶을 되돌려서[廻] 해탈의 세계로 들어가게 하는 문의 의미로 지어졌다고 볼 수 있고, 한편으로는 청평사에 전하는 유명한 '공주와 상사뱀' 이라는 설화에서 비롯되었다고도 한다. 그 설화는 다음과 같다.

중국 원나라 순제(順帝)의 딸은 매우 아름다운 미모를 갖추고 있었다. 궁중을 출입하는 자들은 하나같이 연정을 품고 있었지만, 신분의 차이가 있어 감히 마음을 표하지는 못하였다. 어느 날 한 말직의 청년 관리가 궁전 뜰을 거니는 공주의 꽃 같은 모습을 보는 순간 짝사랑에 빠져들고 말았다. 공주에게 사랑의 고백조차 할 수 없었던 그는 마침내 상사병을 앓다가 죽고 말았다. 청년은 죽는 그 순간 맹세를 했다.

"이 세상에서 이루지 못한 사랑, 내 죽어서라도 그녀와 함께 하리라."

어느 날 낮잠에서 깨어난 공주는 아랫도리가 이상하여 살펴보다가 난데없이 뱀이 몸을 휘감고 있는 것을 보고 기겁하였다. 뱀은 밤이고 낮이고 떨어질 줄 몰랐다. 이 사실을 안 왕과 왕후가 갖은 방법을 동원하여 뱀을 쫓아 내려 하였지만, 그것도 잠시일 뿐 다시 공주의 몸을 휘감는 것이었다.

죽고만 싶었던 공주는 마침내 궁중을 뛰쳐나왔고, 죽기 전에 명산대천이나 유람하겠다며 중국 천지를 돌아다녔다. 그리고 배를 타고 고려로 와서 금강산 구경길에 올랐다가 청평사가 유명하다는 소문을 듣고 참배하고자 하였다.

청평천을 건너 회전문 앞에 이르렀을 때 상사뱀은 공주가 걸음을 걷지 못하도록 요동을 쳤다. 10여 년 동안을 함께 있었지만 한 번도 이와 같은 일은 없었으므로 공주는 이상히 여기며 타일렀다.

"나는 지난 10여 년 동안 한 번도 너를 거슬러 본 적이 없었다. 그런데 너는 어찌하여 내가 좋아하는 절 구경을 못하게 하느냐? 만일 들어가기 싫거든 잠깐만 여기에 떨어져 있거라. 속히 절 구경을 하고 돌아와서 너와 함께 가리라."

이 말을 들은 뱀은 곧 몸에서 떨어져 나왔고, 10년 만에 홀몸이 된 공주는 구성폭포를 맞으며 몸을 씻고 절 안으로 들어갔다. 법당과 절의 이곳저곳을 살피던 공주는 가사를 만들기 위해 아름다운 비단과 바늘이 널려 있는 방을 발견했다. 문득 이 세상에서 가장 거룩한 옷인 가사를 만들고 싶다는 충동이 일어나 아무도 없는 그 방으로 들어간 공주는 열심히 바느질을 했다. 그리고는 황급히 뱀이 있는 곳으로 돌아왔다.

그런데 뱀이 다시 공주의 몸을 감으려는 순간, 갑자기 비바람이 몰아치면서 벼락이 떨어져 상사뱀을 새까맣게 태워 죽여 버렸다. 마침내 뱀으로부터 해방된 공주는 부왕에게 이 자초지종을 아뢰었고, 순제는 부처님 은덕에 감사하며 이 절에 공주탑을 세웠다고 한다.

• 삼층석탑

일명 공주탑(公主塔)으로 불리는 이 석탑은 청평사 못미처에 있는 구성폭포를 오른쪽으로 내려다보며 개울을 건너서 경사가 심한 작은 고개 중턱의

삼층석탑

바위에 오르면 볼 수 있다. 옛날에는 환희령(歡喜嶺)이라 불렀던 이 작은 고개를 넘어 청평사에 이르렀다고 한다.

현재 높이 3.08m인 이 석탑은 화강암으로 만들어졌다. 2중의 기단 위에 3층의 탑신(塔身)을 올려놓았으며, 상륜부는 모두 없어졌다. 비록 현재의 탑은 각 층의 비례가 맞지 않고 조각 또한 일관성이 결여되어 있지만, 이 탑에는 '공주와 상사뱀'으로 알려진 원나라 공주의 전설과 함께 원나라 순제(順帝)가 부처님의 사리를 봉안하고 탑을 세웠다는 사연이 깃들어 있다. 강원도 문화재자료 제8호로 지정되어 있다.

• **부도**

경내에 들어가기 전 왼쪽에 별도로 마련한 대지가 있고, 여기에 부도 3기가 있다. 하나는 1089년(선종 6) 과거에 급제했으나 관직을 버리고 이곳 청평산에 들어와 선을 즐기며 은둔했다는 이자현(李資玄) 진락공(眞樂公)의 부도이고, 그 옆에는 고려시대 때 이 절에 머물며 수도했던 환적당(幻寂堂)

환적당 · 설화당 부도

과 설화당(雪花堂)의 부도가 있다.

• **고려정원**

이자현이 문수원, 지금의 청평사를 중건하면서 경내 이곳저곳을 한국 전래의 독특한 방식으로 꾸민 정원이 바로 고려정원이다.

소양강댐에서 유람선을 타고 청평사 입구에 이르면 문수원을 중창한 이자현이 선을 닦으며 여가에 조성한 고려정원(高麗庭園)이 펼쳐진다.

지금까지 밝혀진 우리나라 정원 중에서 가장 오래된 것으로, 일본 교토[京都]의 사이호지(西芳寺)의 고산수식(枯山水式) 정원보다 200여 년 앞선 것이다. 원형 그대로 보존되어 있는 전형적인 고려시대의 영지(影池)와 거기서 400m쯤 떨어진 청평사 계곡 하류의 정원조성용 암석 및 석축, 그곳에서 다시 2km쯤 떨어진 상류에는 이 정원을 만든 이자현이 새긴 '청평식암(淸平息庵)' 이라는 글씨가 바위에 새겨져 있어 기록상에 나타나 있는 것처

이자현이 꾸몄던 정원의 계곡

럼 영지 중심의 대규모 고려정원임을 입증하고 있다.

또한 구성폭포에서 식암까지 2km에 이르는 9,000여 평의 방대한 지역에는 계곡을 따라 주변의 자연경관을 최대한 살려 수로를 만들고, 계곡의 물을 자연스럽게 정원 안으로 끌어들여 영지에 연결시키고 그 주위에 정자와 암자 등을 세우는 등 자연의 섭리에 순응하여 선(禪)을 익히는 정신수양의 도량답게 짜임새 있는 구성을 보이고 있다.

영지는 청평사 뒤의 오봉산이 비추도록 되어 있으며 연못 가운데에는 삼신산(三神山)을 상징하는 세 개의 큰 돌이 있고, 그 사이에 갈대를 심어 단순하면서도 아름답게 꾸몄다.

이 고려정원에는 동양 삼국 중 가히 최고라 할 수 있는 우리나라 정원의 '참맛'이 보인다. 중국의 정원은 대자연의 산악, 폭포, 계곡, 동굴 등을 모방하여 만들어 놓음으로써 마치 대자연의 축소판처럼 느껴지게 한다. 또 기암괴석을 늘어놓고 문, 창살, 난간, 담장 등에 너무나 많은 변화를 주어 보는 사람을 현란하게 한다. 그리고 일본의 정원은 많은 제약과 규칙을 두어 정원 속에 인공적인 멋을 나타내고자 했던 의도가 너무나 짙게 나타나 있다.

그러나 우리나라의 정원은 자연 그대로를 보고 즐길 수 있게, 또 사람이나 건축물 모두가 자연의 일부가 되도록 꾸며져 있다. 청평사의 고려정원을 걷노라면 자연의 순리에 따르고 자연 그대로를 살리고자 했던 우리나라 정원의 멋을 그대로 느낄 수 있다.

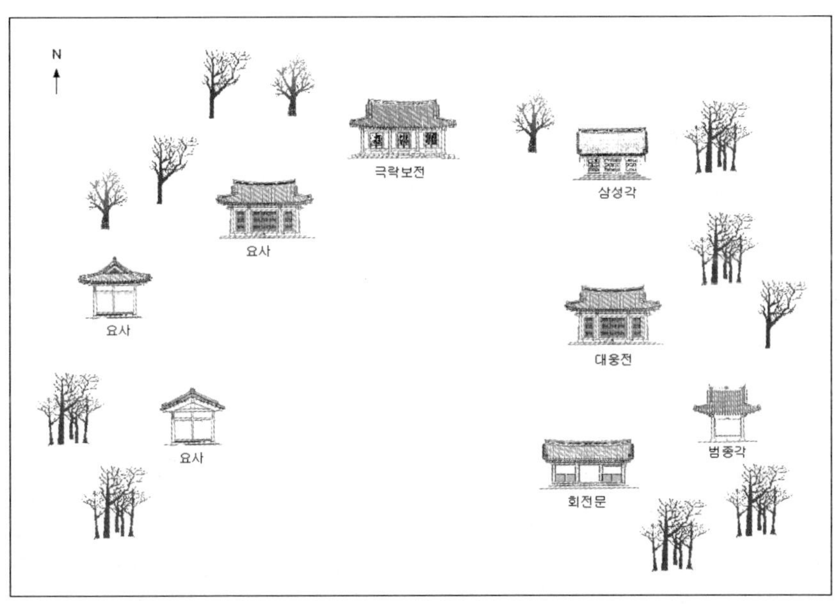

청평사의 가람배치

4. 양양군 · 인제군의 전통사찰

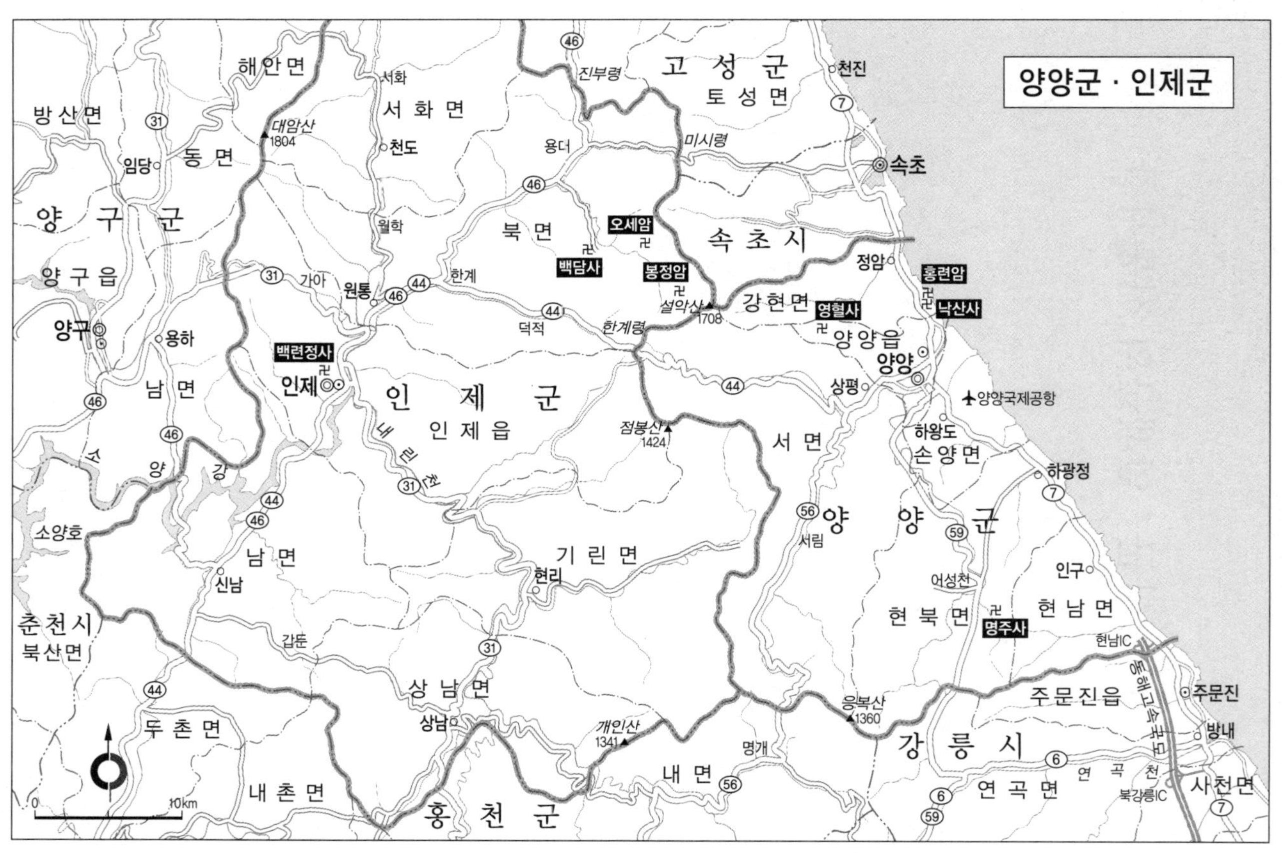
양양군 · 인제군
고성군
토성면
천진
진부령
미시령
속초
속초시
정암
홍련암
낙산사
강현면
영혈사
양양읍
양양
상평
양양국제공항
하왕도
손양면
하광정
서면
양양군
서림
어성천
인구
현북면
현남면
명주사
현남IC
동해고속국도
주문진읍
주문진
방내
강릉시
연곡천
연곡면
북강릉IC
사천면
응복산 1360
명개
내면
개인산 1341
홍천군
상남면
상남
내촌면
두촌면
10km
춘천시
북산면
갑둔
남면
신남
기린면
현리
점봉산 1424
인제군
인제읍
내린천
인제
백련정사
덕적
한계령
설악산 1708
봉정암
백담사
오세암
북면
용대
한계
원통
가아
월학
천도
서화면
서화
해안면
대암산 1804
방산면
임당
동면
양구군
양구읍
양구
용하
소양강
소양호

양양군 · 인제군의 역사와 문화

양양군(襄陽郡)은 강원도 중앙에 위치하며, 동쪽은 강릉시와 동해, 서쪽은 인제군, 남쪽은 강릉시, 북쪽은 속초시에 접한다. 인구는 2005년 말 현재 2만9,187명, 행정구역은 1개 읍, 5개 면, 120개 법정리로 이루어져 있다. 태백산맥의 주봉인 설악산(대청봉)은 표고가 1,708m에 달하는 등 험준한 산들이 많아 산과 바다의 자연요소를 갖추고 있는 관광개발자원이 풍부한 곳이다.

하천 중 대표적인 남대천(南大川)은 오대산 동쪽의 두로봉(頭老峰, 1,421m) 기슭에서 발원하여 넓은 충적지를 형성하면서 동해로 흘러든다.

이 지역에서 신석기 유적지가 발굴되었고, 초기 철기시대의 주거지가 발견되어 이 지역이 선사문화의 중심지였음을 증명하고 있다.

삼국시대 이전에는 예국(濊國)에 속했는데, 고구려가 이곳을 점령하면서 익현현(翼峴縣) 또는 이문현(伊文縣)이라 불리게 되었다가 통일신라에서는 익령현(翼嶺縣)으로 바뀌었다.

고려시대에 와서 성종 때 익령현은 삭방도(朔方道)에 속하였으며, 조선시대에 태조의 외향(外鄕)이었던 까닭으로 1397년(태조 6) 부(府)로 승격되었다. 1413년(태종 13) 도호부가 되었으며, 1416년 양양(襄陽)으로 바뀌었다. 당시 강원도를 대표하던 강릉과 원주가 정치적 · 사회적 사건으로 일시 격하될 때에는 도의 이름을 원주와 양양의 머리글자를 딴 '원양도', 또는 강릉과 양양의 머리글자를 딴 '강양도'로 바뀔 정도로 도를 대표할 만한 위치로 부각되었다. 근대에 와서는 1895년 양양군이 되었고, 1979년 5월 1일에는 양양면이 읍으로 승격되어 오늘에 이른다.

인제군(麟蹄郡)은 태백산맥을 중심으로 한 영서북부지역에 있으며, 동쪽은 고성군 · 속초시 · 양양군, 서쪽은 양구군 · 춘천시, 남쪽은 홍천군, 북쪽은 회양군과 접한다. 2005년 말 현재 인구는 3만2,563명, 행정구역은 1개 읍, 7개 면, 84개 행정리로 이루어져 있다.

자연환경은 동단부는 태백산맥이 종관(縱貫)하는 산악지대로서 무산(巫山, 1,320m) · 향로봉(香爐峰, 1,296m) · 설악산 · 점봉산(點鳳山, 1,424m) · 가칠봉(柯七峰, 1,240m) 등이 연봉을 이루면서 험준한 산악지대를 형성하고 있고, 서쪽으로는 매봉(1,290m) · 대암산(大巖山, 1,304m)을 중심으로 하는 도솔산맥에 의해 양구군과 경계를 이루고 있다. 남쪽은 방대산(芳臺山, 1,444m) · 개인산(開仁山, 1,341m) · 가마봉(1,192m) 등이 연봉을 이루며 홍천군과 경계를 이룬다.

소양강(昭陽江)의 여러 지류들이 군의 중앙부로 흘러들어 본류와 합류한다. 인제읍 합강리 동쪽에는 서화면 이포리에서 발원해 남류하는 서화천(瑞和川)과 상남면에서 발원한 내린천(內麟川)을 각각 합해 소양강의 상류가 된다. 호수로는 소양호가 군의 남서부까지 이어져 있어 내설악으로 들어가는 수상교통로로 이용되고 있다.

지역 여러 곳에서 신석기시대 유적과 유물이 발견된다. 고구려 때 저족현(猪足縣)으로 불렸으며, 757년(경덕왕 16) 희제현(狶蹄縣)으로 개칭되었고 양록군(楊麓郡)에 속하였다. 지금의 서화는 고구려 때의 옥기현(玉岐縣)으로서 경덕왕 때 치도현(馳道縣)으로 개칭되고 양록군의 영현이 되었다.

고려시대에 들어와 940년(태조 23) 희제현은 인제현으로, 치도현은 서화현(瑞和縣 또는 瑞禾縣)으로 개칭되었다. 그 뒤 1018년(현종 9) 두 현 모두 춘주(春州)에 속했다가 뒤에 회양(淮陽)의 속현이 되었다. 조선에서는 1413년(태종 13) 읍치를 지금의 인제읍으로 옮겼다. 1896년 강원도 인제군이 되었고, 1979년 5월 1일 인제면이 읍으로 승격되어 오늘에 이른다.

낙산사

■위치와 창건

낙산사(洛山寺)는 양양군 강현면 전진리 55번지 오봉산(五峰山)에 자리한 대한불교조계종 제3교구 본사 신흥사의 말사이다.

낙산사는 신라의 고승 의상(義相)이 창건했다. 중국 당나라의 지엄(智儼) 문하에서 화엄교학(華嚴敎學)을 공부한 의상이 신라로 돌아온 해는 문무왕

낙산사 원통전 입구

10년(670)이었다. 그 후 어느 해에 의상은 낙산의 관음굴(觀音窟)을 찾았다. 그는 지심으로 기도하여 관음보살을 친견했고, 그리고는 낙산사를 창건했다.

낙산사의 창건 연기설화는 『삼국유사』에 전한다. 이 책 「낙산이대성(洛山二大聖)」조에 전하는 설화의 내용은 다음과 같다.

예전에 의상법사가 처음 당나라에서 돌아와서 대비진신(大悲眞身)이 이 해변의 굴속에 계시기 때문에 낙산(洛山)이라고 했다는 말을 들었다. 대개 서역에 보타낙가산(寶陀洛伽山)이 있는데, 여기서는 소백화(小白華)라고 하고 백의대사(白衣大士)의 진신이 머무는 곳이기에 이를 빌려서 이름한 것이다.

의상은 재계(齋戒)한 지 7일 만에 좌구(座具)를 물 위에 띄웠는데, 천룡팔부(天龍八部)의 시종이 그를 굴속으로 인도하므로 들어가서 참례할 때 공중에서 수정염주(水精念珠) 한 벌이 내려와 의상은 이를 받아서 물러 나왔다. 동해룡(東海龍)이 또한 여의보주(如意寶珠) 한 벌을 주기에 의상은 이를 받아서 물러 나왔다. 다시 7일 동안 재계하고서 이에 진용(眞容)을 뵈니, "이 자리 위의 꼭대기에 대나무가 쌍(雙)으로 돋아날 것이니, 그곳에 불전(佛殿)을 짓는 것이 마땅할 것이다."라고 하였다. 법사가 그 말을 듣고 굴에서 나오니 과연 땅에서 대나무가 솟아났다. 이에 금당을 짓고 소상(塑像)을 봉안하니, 그 원만한 모습과 아름나운 자질이 엄연히 하늘에서 난 듯했나. 대나무는 다시 없어졌으므로 바로 진신이 거주함을 알았다.

이로 인하여 그 절을 낙산사라 하고 법사는 그가 받은 구슬을 성전에 모셔두고 떠나갔다.

■낙산사의 역사

창건 이후 오늘에 이르기까지 낙산사는 무려 1300년 이상의 역사를 간직해 오고 있다. 특히 창건 시기부터 존숭되어 온 관음신앙은 지금도 이곳 낙산사를 대표하는 신앙으로 자리하고 있으며, 낙산사는 한국의 대표적 관음 성지로 알려져 있다. 이 같은 측면은 한국불교사 전체를 통해서도 매우 중요하게 여길 필요가 있다. 창건 시기부터 존숭되었던 특정 신앙이 이렇게 오랫동안 지속되고 있는 예는 쉽게 찾아볼 수 없기 때문이다. 결국 낙산사의 역사를 정리하는 일은 특정 사찰의 역사라는 차원을 떠나 한국불교사를 올바르게 이해하기 위해서도 반드시 필요한 작업이라는 의의를 지니고 있다.

우리나라 대부분 사찰에서 나타나는 현상이기도 하지만, 낙산사 역시 그 유구한 역사에 비해 전하는 자료는 매우 빈약한 실정이다. 특히 고려시대의 사찰 역사와 관계된 자료는 단지 몇 건에 불과하여 아쉬움이 남는다. 하지만 조선시대 이후의 자료는 비교적 많이 남아 있으며, 『조선왕조실록』에는 100여 건 이상의 관련 기사가 보인다. 낙산사는 조선 초기 왕실 차원에서 깊은 관심을 보이던 사찰이었으며, 이 때문에 실록에 관련 기사가 자주 등장하게 된 것이다. 물론 이들 기사의 대부분은 낙산사에 대한 왕실의 지원을 중단하라는 관료들의 요구로 채워져 있지만, 조선시대 불교 탄압의 과정과 실상을 직접 살펴볼 수 있다는 점에서 또 다른 자료적 가치를 느낄 수 있다.

낙산사의 역사와 관계된 자료 가운데 가장 돋보이는 것은 바로 『삼국유사』이다. 『삼국유사』의 자료적 가치에 대해서는 더 설명할 필요조차 없지만, 이 자료에 낙산사의 창건 연기와 두 개의 보주(寶珠)에 대한 내용, 그리고 원효와 범일 스님과 관계된 내용 등이 실려 있어 낙산사의 역사를 이해하는 데 많은 도움을 주고 있다. 또한 비록 후대의 자료이기는 하지만 만해(萬海) 한용운(韓龍雲, 1879~1944) 스님이 1928년에 편찬한 「낙산사사적」도 매우 중요한 자료이다. 만해 스님은 『건봉사급건봉사말사사적(乾鳳寺及乾鳳寺末寺史蹟)』이라는 방대한 분량의 사지를 찬술하였는데, 이 내용의 일부로 「낙산사사적」을 수록하였던 것이다. 이러한 내용을 기본으로 해서 낙산사의 연혁을 알기 쉽게 표로 정리하면 다음과 같다.

연대	내용
671년(신라 문무왕 11)	의상 대사가 낙산사를 창건함
786년(원성왕 2)	화재로 인하여 사찰 대부분이 불에 탐
858년(헌안왕 2)	범일 스님이 세 칸의 불전과 정취보살상을 봉안
13세기 초	이규보(李奎報)가 관음보살상을 보수하고 복장유물을 다시 봉안
1254년(고종 41)	몽고군의 침입으로 관음상과 정취보살상, 그리고 수정염주와 여의주를 양주성(襄州城)으로 옮김. 양주성마저 함락되자 두 보주를 땅속에 묻어 두었다가 다시 꺼내어 감창고(監倉庫)에 간직함
1399년(조선 정종 1)	태조 이성계가 행차하여 능엄법회를 개최
1404년(태종 4)	왕실에서 내신을 보내어 기청법회(祈晴法會)를 개최
1466년(세조 12)	세조가 행차
1467년(세조 13)	세조가 행차하여 헌향하고 사찰 중건을 지시
1468년(세조 14)	학열(學悅) 스님이 중창함. 현재 경내에 남아 있는 칠층석탑, 홍예문, 원통보전 담장 등은 이 무렵 조성됨
1469년(예종 1)	예종이 교지를 내려 사찰 중건을 명하고 범종도 조성
1470년(성종 1)	성종이 교지를 내려 전답과 노비를 하사
1489년(성종 20)	산불로 인하여 관음전이 불에 탐
1592년(선조 25)	임진왜란으로 사찰 대부분의 당우가 불에 탐
1619년(광해군 11)	관음굴을 중건
1631년(인조 9)	화재가 발생하여 사찰이 불에 탐. 종밀(宗密), 학조(學祖) 스님 등 36인이 중창
1643년(인조 21)	도원(道源), 대주(大珠) 스님 등 25인이 중수

1692년(숙종 18)	공중사리탑(空中舍利塔)을 조성
1694년(숙종 20)	공중사리비(空中舍利碑)를 건립
1752년(영조 28)	덕린(德麟) 스님이 홍련암을 중수
1777년(정조 1)	화재로 인하여 원통보전을 제외한 전 당우가 불에 탐
1778년(정조 2)	운학(雲鶴) 스님 등이 화주가 되어 중건
1797년(정조 21)	혜민(慧旻) 스님이 홍련암을 중수
1854년(철종 5)	원통보전과 용선전, 어실각 중수
1869년(고종 6)	의연(義演) 스님이 홍련암 중건
1908년	관음굴이 무너짐
1911년	흥운(興雲) · 청호(晴湖) 두 스님이 관음굴 중건
1912년	일제의 30본말사법에 의해 건봉사의 말사가 됨
1918년	주지 응호(應湖) 스님이 법전과 요사를 수리
1924년	주지 규현(奎鉉) 스님이 도량 전체를 수리
1932년	주지 만옹 스님이 중건
1950년	6 · 25전쟁 때 사찰 내 전체 당우가 불에 탐
1953년	이형근(李亨根) 장군이 원통보전과 종각 등을 새로 지으면서 중창을 시작. 7층 석탑도 이때 중수
1963년	홍예문 위의 누각을 새로 지음
1972년	원철(圓徹) 스님이 중창을 시작
1975년	의상대 중건. 홍련암 중창
1976년	홍예문 중건
1977년	원철 스님이 해수관음상을 조성하여 봉안
1993년	보타전(寶陀殿) 건립
1995년	의상대를 육각정 형태로 복원
1995년	심검당(객실건물) 건립

낙산사는 지난 2005년 4월 대형 산불로 인해 거의 대부분의 전각이 불타 버리고, 주변 경관도 크게 훼손되었다. 하지만 곧바로 복원불사를 시작하여 현재 원통보전 등 많은 건물을 복원하는 작업을 펼치고 있다. 2007년 4월 28일에는 공중사리탑 보존처리 과정에서 부처님 진신사리와 장엄구가 출현하여 큰 관심을 불러 모으면서 한층 중창의 기운을 북돋기도 했다.

■성보문화재

2005년의 산불로 인해 가람배치 자체가 예전과는 비교도 할 수 없을 정도로 달라졌다. 대부분의 건물이 불타 없어지면서 예전의 모습을 찾아보기 힘든 것이다. 하지만 화재 직후 시작된 중건 불사는 기본적으로 화재 이전 가람 형태를 복원하는 것이므로 앞으로 예전의 가람배치가 대부분 회복될 것으로 보인다. 다만 조선시대 초기의 범종과 전각 등 상당수 문화재는 다시 찾아볼 수가 없게 되었다. 따라서 여기에서는 2005년 화재 이전의 가람배치 위주로 살펴보기로 한다.

현재의 전각은 관음보살이 봉안된 원통보전을 중심으로 살펴볼 수 있다. 절 맨 뒤쪽 가장 중심된 구역에는 원통보전이 자리하는데, 그 앞에 조선시대 초에 조성되어 현재 보물 제499호로 지정된 칠층석탑이 있다. 원통보전 둘레는 조선시대 세조(世祖) 때 쌓은 원장(垣墻)으로 부르는 네 면으로 된 담이 둘러쳐져 있다. 이 담장은 원통보전이 낙산사의 금당임을 상징하기도 하는데, 대성문(大聖門)을 통해 출입하도록 되어 있다.

문을 나서서 계단을 내려가면 좌우로 대나무가 무성한데, 왼쪽에 자그마한 단이 쌓여 있고 그 위에 종각이 있다. 종각 안에는 1469년(예종 1)에 주조되었고 보물 제479호로 지정되었던 조선시대의 범종이 있다. 하지만 아쉽게도 이 범종은 2005년의 화재로 사라져버렸다.

종각 옆쪽으로 난 작은 길을 따라 가서 대나무밭을 지나 내려가면 해수관음보살입상이 있다. 해수관음보살입상 앞에는 참배하기 위한 목조 건물이

원통보전 뒤 원장

있는데, 절에 다니는 불자들은 이 건물을 관음전(觀音殿)으로 부르기도 한다. 그리고 그 주위로는 기념품 등을 판매하는 가건물이 있다. 길은 없지만 관음전 옆 숲으로 막힌 곳을 약 100m 가량 내려가면 숲 속에 공중사리탑(空中舍利塔)이 있다. 이 사리탑에서 2007년 4월 진신사리가 발견되었다.

원통보전 앞으로는 좌우에 요사 및 종무소가 있다. 동쪽 요사는 고향실(古香室)로서 주지스님의 거처이며, 서쪽에 있는 요사와 종무소는 특별하게 부르는 당명(堂名)은 없다. 고향실 옆으로 해서 동쪽으로 내려가는 작은 길을 따라 가다 보면 웅장한 보타전(寶陀展)이 나타나고, 여기에서 다시 동쪽으로 더 가면 의상조사비(義相祖師碑)가 있다. 여기에는 의상대(義湘臺)로 가는 길이 있다. 보타전 앞에는 보타락(寶陀落)이라고 하는 누각이 있고, 그 앞에 아담한 연지(蓮池)가 있어, 그곳에 피어 있는 청정한 연꽃과 용궁인 양 노니는 물고기들을 볼 수 있다. 이 연못을 관음지(觀音池)라고 부른다.

고향실을 지나 절 입구 쪽으로 조금 내려가 남서쪽으로 가면 조계문(曹溪

1930년대의 원통보전

門)과 사천왕문(四天王門)이 나온다. 조계문과 사천왕문 사이 서쪽에 근래 새로 조성한 범종이 있는 범종각이 있고, 그 서쪽으로 조금 더 가면 1997년에 완공한 객실 건물이 있다.

조계문과 사천왕문을 지나면 홍예문(虹霓門)이 나오는데, 이 문을 지나면 사찰 경내와는 다른 분위기가 느껴지지만 이곳 역시 여전히 사역(寺域)이며, 여기에서 더 내려가 일주문(一柱門)을 지나야 비로소 사찰 경내에서 나오게 된다. 그러니까 이 일주문이 낙산사로 들어가는 정문에 해당된다. 홍예문 옆 매표소 뒤에는 부도밭이 있다.

한편 보타락 옆으로 나 있는 길을 계속해서 내려가면 절 남동쪽에 있는 후문으로 나오게 되며, 그 길로 해서 다시 북쪽으로 올라가면 의상대와 홍련암에 이르게 된다.

• 원통보전

낙산사의 중심법당으로서 원통보전을 포함한 절 일원이 현재 강원도유형문화재 제35호로 지정되어 있다. 지금의 건물은 1953년에 복구된 것이 2005년에 불탔다가 최근에 다시 중창된 것이다. 예부터 원통보전은 낙산사의 주요 전각인 것을 기록을 통해 알 수 있다.

「양주지밀기낙산사사적(襄州地密記洛山寺事跡)」에서 보듯이 신라시대 의상 스님이 관음굴에서 관음대성을 친견하고 수정(水精)을 건네받은 뒤 관음의 계시로 흙으로 빚은 관음상을 관음전에 봉안하면서 낙산사를 창건했는데, 관음전은 곧 원통보전의 다른 이름이므로 낙산사 창건 때부터 원통보전이 주된 금당이었음을 알 수 있다. 창건 이후 858년(헌안왕 2)에는 사굴산파(闍堀山派)의 개산조인 범일(梵日, 810~889) 스님이 이곳에서 정취보살(正趣菩薩)을 친견한 뒤 그 모습을 상(像)으로 만들어 불전에 봉안했는데, 아마도 관음보살상과 함께 봉안되었을 것으로 생각된다.

또한 고려시대에 몽고군의 침략으로 관음상이 훼손되었으나 얼마 안 있어 고려의 대문장가 이규보 등이 새롭게 관음상의 복장을 조성하기도 했으니, 역시 원통전이 주요 봉안 전각이었을 듯하다.

2005년 불타기 전에는 관음상을 독존으로 봉안하였고, 후불탱으로 아미타극락회탱이 걸렸었다.

• 보타전

보타전(寶陀展)은 해수관음상과 더불어 낙산사가 관음신앙의 성지요, 우리나라의 대표적 관음도량임을 상징하는 전각으로서, 1991년 7월 짓기 시작해서 1993년 4월 10일에 완공했다. 규모는 앞면 5칸, 옆면 3칸이며 팔작지붕으로 되어 있다.

안에는 우리나라에서는 처음으로 천수관음(千手觀音) · 성관음(聖觀音) · 십일면관음(十一面觀音) · 여의륜관음(如意輪觀音) · 마두관음(馬頭觀音) ·

보타전

준제관음(准提觀音)·불공견색관음(不空羂索觀音) 등 7관음상과 천오백관음상이 봉안되어 있다. 앞면 중앙에 천수관음을 비롯해서 좌우로 6관음, 그리고 뒤쪽으로 천오백관음상이 있다. 천수관음은 입상이며, 나머지 6관음은 좌상이다. 낙산사 천수관음은 32관음신상이라고도 하는데, 그 뒤쪽으로는 목각 후불탱이 조성되었다. 그밖에 범종과 금고(金鼓)가 있다.

전각 외부 벽화는 낙산사를 창건한 의상 스님의 일대기를 그린 것이다.

• 칠층석탑

원통보전 앞에 세워진 조선시대 석탑으로서 현재 보물 제499호로 지정되어 있다. 낙산사는 조선 세조 대(재위, 1455~1468)에 중창되었는데 이 탑도 그때 세워진 것으로 추정된다. 이 탑은 비록 부분적으로 파손된 곳이 있으나 대체로 탑의 상륜부까지 비교적 완전한 형태를 갖추고 있어 조선시대 불탑 연구에 훌륭한 자료가 된다.

칠층석탑

탑의 양식을 살펴보면, 평면은 사각형으로 기단석 위에 탑신이 놓이고 그 위에 상륜부가 마련된 구조를 하고 있다. 기단석(基壇石)은 지면에 2단의 층을 이룬 지복석(地覆石)과 그 위의 복련(伏蓮)이 조각된 지대석(地臺石)으로 구성되었다. 기단은 단층기단으로서 우주(隅柱)가 새겨지지 않았고, 그 위에 얹은 뚜껑돌인 갑석(甲石)은 아래 위가 수평인 하나의 돌로 된 판석인데, 그 밑에 부연(副椽)과 2단의 각형(角形) 고임이 있다. 기단 상면에는 겹잎의 복련(覆蓮) 24잎이 조각되었다.

탑신부는 옥신석(屋身石)과 옥개석(屋蓋石)이 각각 서로 다른 하나의 돌로 이루어져 있다. 옥신석에는 양쪽의 우주가 없으며, 각각의 옥신석마다 그 아래의 옥신석보다 조금 넓고 큰 별석(別石)의 받침돌이 끼워진 점이 특징이다. 이 같은 점은 기단부에 연꽃을 새긴 것과 함께 고려시대 탑에서 찾아볼 수 있는 양식으로서, 이 낙산사 탑이 고려시대의 양식을 계승하고 있음을 나타내 주고 있다. 옥개석은 평평하고 얇은데, 낙수면 각 모퉁이의 합각머리가 뚜렷하다. 옥개석의 추녀는 얇은 편으로서 밑이 위로 살짝 솟아올라 반전(反轉)되어 경쾌한 느낌을 준다. 받침 수는 각 층마다 3단씩이다.

상륜부 역시 칠층 옥개석 위에 각 층의 옥신 고임과 똑같은 형태의 별석으로 된 받침돌을 놓았다. 그 위에는 아랫면에 3단의 받침이 있는 노반(露盤)을 놓았으며, 다시 그 위에 전부 청동제로 된 원형의 복발(覆鉢) · 앙화(仰花) 및 6륜(輪)으로 중첩된 원추형(圓錐形)의 보륜과 보주 등을 청동제 찰주(擦柱)에 꽂았다. 상륜부의 평면을 원형과 원추형으로 한 것은 중국 원대(元代)의 라마(Lama)식 탑의 상륜과 닮은 것으로서 이 탑의 또 다른 특징이 된다. 이 탑의 전체적 양식은 강릉시 내곡동 403번지에 있는 보물 제87호 신복사(神福寺)터 삼층석탑과 비슷하여 신복사터 삼층석탑을 모방한 것으로 판단하는데, 이것은 동해안 지역의 고려시대 석탑 양식을 지니는 공통 양식 계열에 속하기 때문으로 보인다.

이 탑은 6 · 25전쟁 당시 손상되었으나 1953년 4월 이형근 장군이 낙산사

칠층석탑 부분

를 중건할 때 함께 재건되었다. 현재 탑의 크기는 전체 높이 620cm이다. 한편 이 탑은 본래 신라시대에 의상 스님이 3층으로 쌓았다가 조선시대에 세조 임금의 명을 받은 학열(學悅) 스님이 9층으로 다시 쌓고 수정염주(水精念珠)와 여의주(如意珠)를 봉안했다고 전한다. 그리고 본래는 상륜부가 오동(烏銅)으로 장식되었으나, 1951년 1·4후퇴 때 없어졌고 지금 것은 그 이후에 새로 얹은 것이라고도 한다. 2005년의 화재 때 탑신부 일부가 불을 맞았으나 큰 충격은 없었고, 그 직후 보수되어 여전히 건재하다.

• 의상대

의상대(義湘臺)는 의상 스님이 중국 당나라에서 돌아와 낙산사를 지을 때 산세를 살핀 곳이며, 의상 스님의 좌선(坐禪) 수행처라고 전한다. 낙산사에서 홍련암의 관음굴로 가는 해안 언덕에 있다. 창건 이후 언제인가 이곳에 암자를 지었는데, 그때가 지금으로부터 천여 년 전이라고 한다.

근대에 들어와서는 1925년에 주지 김만옹(金晩翁) 스님이 이곳에 정자를

의상대

새로 지었다. 정자를 지을 당시가 6월인데, 들보로 쓸 굵은 나무를 구하고 있었다. 그리던 참에 거센 비바람이 몰아쳐 대 위에 있던 소나무 한 그루가 넘어졌고, 스님은 그 소나무로 들보를 만들어 육각형의 정자를 완성했다고 한다. 예부터 이곳을 의상대로 불러 왔으나 이때 정식으로 의상대라는 이름이 붙었다.

그러나 1936년 폭풍으로 무너졌다가 이듬해 중건되었으며, 1974년에 강원도유형문화재 제48호로 지정되었고, 1975년에도 한 차례 중건되었다.

근래에는 1994년 11월 강원도에서 의상대를 점검한 결과 기둥과 기와 등 구조체가 10도 가량 기울었고, 기둥이 썩는 흔적이 여러 곳에서 나타나는 등 붕괴 위험이 있어 해체되었다가 1995년 8월에 육각정으로 복원되었다.

의상대는 낙산사에서 홍련암의 관음굴로 가는 길 해안 언덕 위에 있는데, 주위 경관이 매우 아름다워 예부터 '관동 팔경'의 하나로 꼽히면서 시인 묵객이 즐겨 찾는 곳이었으며, 지금도 낙산사를 찾으면 반드시 들러 보는 곳

해수관음보살상

이 되었다.

• **해수관음상**

낙산사 성보 가운데 가장 널리 알려진 것이 바로 이 해수관음상(海水觀音像)이다. 그래서 굳이 신자가 아니더라도 동해에 왔다가 낙산사를 찾는 여

행객들이면 빠짐없이 들러 참배하는 것이 하나의 정해진 코스가 되어 있을 정도다. 1972년 처음 착공되어 5년 만인 1977년 11월 6일 점안했다. 크기는 높이 16m, 둘레 3.3m, 최대 너비 6m이며, 대좌의 앞부분은 쌍룡, 양 옆에는 사천왕을 조각했다.

관음상은 대좌 위에 활짝 핀 연꽃 위에 서 있는데, 왼손으로 감로수병을 받쳐 들고 오른손은 가슴께에서 들어 수인(手印)을 짓고 있다. 이 해수관음상은 우리나라에서 양질의 화강암 산지로 손꼽는 전라북도 익산에서 약 700여 톤을 운반해 와서 조성한 것이다. 해수관음상 앞에는 기도처인 관음전이 있다.

• 홍예문

원통보전을 나와 조계문과 사천왕문을 지나 나가다 보면 일주문 조금 못 미쳐 무지개 모양의 석문인 홍예문(虹霓門)이 있다. 이 홍예문은 위는 누각이고 그 아래가 무지개 모양을 이룬다. 홍예문은 1467년(세조 13)에 축조되었다고 전하며, 그 위의 누각은 1963년 10월에 지은 것이다.

축조 방식은 먼저 문의 기단부에 거칠게 다듬은 2단의 큼직한 자연석을 놓고, 그 위에 화강석으로 된 방형의 선단석(扇單石) 3개를 앞뒤 두 줄로 쌓아 둥근 문을 만들었다. 선단석은 홍예문 등에 사용되는 맨 밑을 괴는 모난 돌을 가리킨다.

문의 좌우에는 큰 강돌로 홍예문 위까지 성벽과 같은 벽을 쌓아 사찰 경내와 밖을 구분했다.

이 홍예문에는 직사각형 26개의 화강석이 사용되었다. 그것은 당시 강원도에는 26개의 고을이 있었는데, 세조의 뜻에 따라 각 고을에서 석재 하나씩을 내어 쌓았기 때문이라고 전한다. 혹은 사용된 돌은 강현면 정암리 길가의 것을 가져다 쌓은 것이라고도 전한다.

홍예문

• **부도**

홍예문 앞 매표소 바로 뒤쪽으로 부도 2기가 있다.

하나는 보산 스님의 묘탑으로 단순한 형식의 부도로 최근에 조성된 것이다. 앙복련(仰伏蓮)의 대좌 위에 항아리 모양의 탑신을 올렸다. 그리고 정수리 부분에는 연꽃잎 문양을 둘러 장식을 하고 손잡이처럼 세워 올려놓았다. 탑신에는 '한계자보산선사(閑谿子寶山禪師)' 라는 글이 적혀 있다.

그 옆에는 원철 스님의 묘탑이 있다. 변형된 형태의 석종형의 부도이다. 네모반듯한 지대석은 1장으로 이루어져 그 위에 팔각의 굄석을 올리고 복련문(伏蓮紋)을 돌렸다. 둥근 항아리 모양의 탑신의 중앙에는 두 줄의 띠를 둘러 8개의 꽃이 조각되어 있다. 꼭대기에는 복련문을 두르고 연꽃봉우리를 앙복련(仰伏蓮)의 대좌가 받치고 있는 상륜이 장식되어 있다.

원장

• **원장**

원통보전 주위에는 그 둘레를 사각형으로 둘러싸고 있는 조선시대 초기의 담장인 원장(垣墻)이 있다. 축조된 시기는 세조가 절을 중건할 때 처음 쌓았다고 전한다. 이 원장은 법당을 둘러싼 성역(聖域) 공간임을 구분하면서 공간 조형물로서의 효과도 아울러 겸비하고 있다. 사찰 건축에서는 보기 드문 우리나라의 대표적 담장이며, 현재 강원도유형문화재 제34호로 지정되어 있다.

담장 안쪽의 담벽은 기와로 쌓고 담장 바깥쪽은 막돌로 쌓았다. 법당을 향한 담장 안쪽에는 밑부분에 2단의 장대석 기단을 조성하고, 그 위에 다시 1단의 장대석 받침돌을 놓았다. 담벽은 강회신흙과 평와(平瓦)를 차례로 다져 쌓아 담벽 앞면을 기와로 가로 세로의 줄을 맞추고, 일정한 간격을 맞추어 둥근 화강암을 배치함으로써 단조로운 벽면을 장식했다. 담장 바깥쪽 벽면은 막돌로 벽면을 고르게 쌓고 돌과 돌 사이는 강화진흙으로 메웠다. 담장 위는 기와로 지붕을 이어 담벽을 보호하고 있다.

본래 터만 남아 있었으나 근래에 전체적으로 보수하면서 연결했다. 크기는 전체 길이 220m, 높이 3.7m이다. 2005년 화재 때 손상을 입었으나 현재 복원되어 있다.

명주사

■위치와 창건

명주사(明珠寺)는 양양군 현북면 어성전리 488번지 만월산(滿月山)에 자리한 대한불교조계종 제3교구 본사 신흥사의 말사다.

지금은 비록 그다지 규모가 크지 않지만 역대로 이름 높던 선사(禪師)와 강사(講師)들이 후학들을 길렀던 수행승의 요람이다.

명주사 내경

1861년 명주사를 중건하고 만일선회를 열었던 월허 스님의 부도

고려시대인 1009년(목종 12) 혜명(惠明)과 대주(大珠) 스님이 창건하여 비로자나불좌상을 모시고, 그들의 이름 한 글자씩을 따서 명주사라 하였다고 전한다. 그런데 「명주사사적기」에서 비로자나불을 모신 것을 분명히 밝힌 것으로 보아 처음부터 화엄종 계통의 사찰이었음을 알 수 있다. 비로자나불은 『화엄경』에서 강조하는 부처님이기 때문이다. 1123년(인종 1)에는 부속 암자인 청련암(靑蓮庵)과 운문암(雲門庵)을 창건하였다.

■연혁

창건 이래 조선시대 중기까지의 역사는 전하지 않다가 1673년(숙종 2)에 수영(秀瑩) 스님이 향로암(香爐庵)을 창건하였다는 기록이 보인다. 1701년(정조 20)에는 법당 맞은 편에 벽옥루(碧玉樓)를 건립하였고, 1781년(정조 20)에는 연파(蓮坡) 스님이 원통암(圓通庵)을 창건하고 관음보살상을 조성 봉안하였다.

원통암을 창건한 연파 스님의 법명은 영주(永住, 1730~1817)이다. 양양에서 태어난 스님은 어려서부터 돌을 세워 부처라 하고 모래로 탑을 만들어 예배하는 놀이를 좋아하였다고 한다. 12세에 부모를 잃고 명주사로 출가한 뒤 불경을 배우다가, 당대의 고승인 호월(皓月)·풍악(楓岳)·송암(松巖)·설파(雪坡) 스님을 찾아다니며 불경을 깊이 연구하였다. 그 뒤 명주사로 돌아와 원통암을 짓고 강석(講席)을 열었는데, 항상 100여 명의 학도들이 모였다고 한다. 또한 스님은 표충사선교양종도총섭(表忠祠禪敎兩宗都摠攝) 및 석왕사도원장(釋王寺都圓長)을 역임하다가 세수 87세, 법랍 73세로 입적하였다. 다비하여 사리를 얻게 되자 부도와 비를 세웠는데, 현재에도 명주사에 남아 있다. 명주사가 학승들의 요람처가 된 데는 이 스님의 공이 지대하였다고 하지 않을 수 없다.

하지만 1849년(헌종 15)에 이 원통암은 불타 버렸다. 승려들이 합심하여 즉시 복원하였지만 1853년(철종 4) 또다시 불타 버렸고, 이내 중건하였으나 이번에는 더 큰 화재가 만월산 전체를 뒤덮었다. 1860년(철종 11) 명주사·원통암·청련암·운문암·향로암이 모두 불타 버린 것이다. 이에 월허(月虛) 스님은 사재를 모두 바쳐 명주사를 중건하였고, 이듬해인 1861년에는 인허(印虛) 스님이 운문암을 중건하여 1만 일을 기약하며 참선을 하는 만일선회(萬日禪會)를 개설하고, 향로암을 서쪽으로 옮겨 중건하고 보련암(寶蓮庵)이라 하였다. 그리고 1864년(고종 1)에는 학운(鶴雲) 스님이 원통암을 중건하였다.

그러나 화재는 끊이지 않았다. 1878년(고종 15) 명주사는 또다시 불타 버렸다. 이듬해에 중건하고, 1887년 일봉(日峯) 스님이 용선전(龍船殿)을 지으면서 가람의 규모를 제대로 갖추게 되었으나, 1897년 다시 불타 버렸다. 이때부터 부속암자였던 원통암의 편액을 명주사로 바꾸고 절 일도 이곳에서 보았다. 원통암이 명주사가 된 것이다.

1899년 향로전(香爐殿)을 건립하고 1906년 사찰을 확장하여 새롭게 중건하였다. 1912년 건봉사의 말사가 되었고, 1915년에는 주지 월인(月印) 스님이 침고(砧庫)를 지었으며, 1918년에는 백월(白月) 스님이 절을 중수하였다. 또한 1925년에는 설호(雪昊) 스님이 중수하였고, 1926년에는 묵옹(默翁) 스님이 요사의 기와를 바꾸었다.

이 당시에는 명주사에 총 15동 95칸의 건물이 있었다. 사적기에 따르면 인법당인 원통암 30칸을 비롯하여 독성각 1칸, 산신각 1칸, 어향각(御香閣) 9칸, 응향각(應香閣) 6칸, 진영각(眞影閣) 6칸, 현위실(弦葦室) 6칸, 만수실(曼殊室) 6칸, 미타암(彌陀庵) 6칸, 삼포방(三浦房) 6칸, 창고 6칸, 욕실 3칸, 족침실(足砧室) 2칸, 수침실(水砧室) 4칸, 변소 3칸 등이 있었다.

이 가운데 9칸의 향실각이 있었다는 것은 명주사가 왕실과 관계가 있음을 시사해 주는 것이며, 법당 좌우의 선방과 강원을 현위실과 만수실로 명명한 것도 주목된다. 그리고 진영각 안에는 환성당(喚惺堂)을 비롯하여 이 절과 관련된 17분의 고승 영정이 봉안되어 있었다고 한다.

그러나 이 절의 모든 건물은 6·25전쟁으로 완전히 소실되었다. 이후 한동안 방치되었다가 1963년 주지 수룡(壽龍) 스님이 중건하였으며, 1979년 주지 마근(麻根) 스님이 중수하여 오늘에 이르고 있다.

■ 성보문화재

명주사의 현존건물로는 극락전과 삼성각, 요사 등이 있다. 절의 뒷산인 만월산에는 문필봉(文筆峰)이 있는데, 절에서 공부하는 승려가 그곳에 올라가 기도하면 도를 깨친다는 전설이 전한다.

• 극락전

앞면 3칸, 옆면 2칸의 규모에 팔작지붕을 하고 있다. 근대에 지은 건물이다. 금당이기는 해도 전각의 이름을 쓴 편액과 주련이 걸려 있지 않다가 최근 중건하면서 극락전이라는 편액을 달았다.

명주사 범종

안에는 1963년의 중건 때 봉안한 높이 60cm 남짓한 관음보살좌상을 중심으로, 뒤쪽에는 아미타불을 중심에 둔 극락회상도를 후불탱으로 봉안하였으며, 우측에는 신중탱을 모신 신중단(神衆壇), 좌측에는 영가를 모시는 영단을 두었다.

2002년의 태풍으로 무너진 뒤 새로 지은 앞면 3칸, 옆면 1칸의 삼성각에는 1963년 이후에 모신 칠성탱과 독성탱을 봉안하였다.

• 명주사 범종

범종각에 있는 범종은 1705년(숙종 31)에 조성된 것으로 현재 강원도 유형문화재 제63호로 지정되어 있다.

종의 머리부분에는 두 마리의 용이 꼬리를 맞대어 종고리를 형성하였고, 전통 한국종에서 볼 수 있는 음관(音管)은 생략되었다. 그리고 천판(天板)은 둥그스름하게 만들어졌고, 어깨부분에 조각되는 상대(上帶)는 생략되었다. 대신 유곽(乳廓)이 어깨부분에서부터 바로 시작되고 있으며, 4방에 하나씩

부도밭

있는 유곽에는 연꽃과 빗살무늬가 새겨져 있다. 그리고 유곽 안의 아홉 개의 유두는 연꽃판 위에 조그맣게 솟아 있다.

유곽과 유곽 사이에는 범자(梵字)와 보살상을 위아래로 배치시켜 놓았는데, 이 종만이 지닌 독특한 양식이다. 보살상이 위쪽으로 올라갔기 때문에 종의 배부분에는 아무런 조각이 없으며, 아래에서 4분의 1되는 지점에 종의 주조연대인 강희(康熙) 44년이라는 명문과 시주자들의 이름이 새겨져 있다. 그리고 가장 아랫부분의 하대(下帶)에는 네모난 곽 속에 연꽃과 당초무늬 등을 아름답게 새겨 놓았다. 조선 후기의 종으로는 매우 뛰어난 걸작품이다.

• **부도밭**

많은 부도와 석비들이 사찰 경내의 곳곳에 흩어져 있어 대찰이었던 이 절의 역사를 말해 준다. 현재 이 부도들은 강원도 문화재자료 제116호로 지정되어 있다.

부도로는 현재의 절에서 500m 아래에 있는 높이 2.5m의 중봉당선사탑(中峯堂禪師塔)을 비롯하여 무하당(無瑕堂)·인허당(麟虛堂)·추암당(楸庵堂)·설봉당(雪峰堂)·호월당(皓月堂)·안곡당(安谷堂)·월허당(月虛堂)·충암당(忠庵堂)·연파당(蓮坡堂)의 부도와 성월당(晟月堂)의 치사리탑(齒舍利塔), 상정거사탑(尙淨居士塔) 등 12기가 있다.

석비로는 학운당(鶴雲堂)의 영세불망비(永世不忘碑)를 비롯하여 연파당·인곡당(麟谷堂)·종악당(從嶽堂)의 것이 있다. 이 가운데 용악당비는 보위(普衛, 1817~?) 스님의 것으로, 제자 오진(旿珍) 등이 스승의 덕행을 사모하여 스님의 나이 67세 때 허훈(許薰)의 글을 받아 건립하였다. 허훈은 유학자로서 경상남도 양산 통도사의 비석, 경상북도 구미 도리사의 사적 등 불교에 관련된 글을 쓴 것이 몇 편 있다. 승려로서 생전에 행적비를 세운 것은 매우 드문 일이다.

명주사의 가람배치

영혈사

■위치와 창건

영혈사(靈穴寺)는 양양군 양양읍 파일리 산 323번지 설악산(雪嶽山) 동남쪽 관모봉 아래에 자리한 대한불교조계종 제3교구 본사 신흥사의 말사이다.

양양에서 가는 길은 관동대학교 양양캠퍼스 앞에 있는 도로를 이용하여 속초 방면으로 가면 된다. 속초에서 7번 국도를 타고 가다가 양양 강현면

영혈사 내경

물치리 속초비행장으로 들어가는 길로 우회전한다. 관동대로 가는 길로 15분 정도 가다보면 오른편에 영혈사 표지판이 있다. 여기서 샛길로 우회전하여 영혈사로 가는데, 길이 매우 좁기 때문에 두 대의 차량이 동시에 다닐 수가 없으므로 조심해야 한다. 대중교통으로는 양양에서 하루에 한 번씩 운행하는 파일리행 시내버스가 있는데 20분 정도 걸린다.

원효대사(元曉大師)가 설악산에 와서 처음 일출암(日出庵)을 짓고, 2년 뒤인 689년(신문왕 9)에 이 절을 창건하였으며, 이어서 청련암(靑蓮庵)을 세웠다고 전한다. 그러나 원효대사는 686년에 입적하였으므로 「영혈사사적기」에 기록된 창건연대를 그대로 믿을 수는 없다. 그리고 비록 기록에 전하는 것은 아니지만 사찰에서는 원효대사가 입적한 혈사(穴寺)가 바로 이 절이라고 보고 있다. 영혈사의 끝 두 자가 '穴寺' 이고 이 절의 창건주가 원효대사이기 때문에 이와 같은 추정을 하고 있다. 다만 전국의 사찰 중 '혈사' 라는 명칭이 많으므로 지금으로서는 단정하기 어렵다.

창건 이후 천년 동안의 역사는 전하지 않는다. 1688년(숙종 14)의 화재로 영혈사는 불타 버렸다. 1690년 취원(聚遠) 스님은 절을 중건하고, 법당 서쪽에 영천(靈泉)이 있음을 들어 절 이름을 영천사(靈泉寺)로 바꾸었으며, 절의 동남쪽에 취원암(聚遠庵)을 창건하였다. 1716년에는 학천(鶴天) 스님이 절의 북쪽 10리 지점에 학소암(鶴巢庵)을 창건하였고, 1764년(영조 40)에는 묘각(妙覺) 스님이 절의 서쪽 기슭에 백학암(白鶴庵)을 창건하였다. 사적기를 통하여 볼 때 영혈사가 가장 활성화되었던 때는 이때로 보인다.

그러나 이후 영혈사의 사세는 차츰 줄어들었다. 1826년(순조 26)에는 학소암을 폐지하였으며, 1853년(고종 4)에는 백학암이 무너졌다. 그리고 이 시기에 신도 김중욱(金重昱)이 산신각을 중수하였다는 기록만 전한다.

영천사에서 다시 영혈사의 이름을 회복해 부른 것은 1887년(고종 24) 지화(知和) 스님과 도윤(道允) 스님이 퇴락한 절을 일신 중수하고 난 다음부터이다. 그 뒤 1900년에는 신도 김우경(金禹卿)이 산신각을 중수하였고, 1903

극락보전

년에는 보훈(普訓) 스님이 칠성계(七星稧)를 창설하여 28인으로부터 모은 곗돈으로 밭 75두락을 매입하여 이 절의 향공양이 끊이지 않도록 하였다. 그리고 1904년에는 신도 김우경이 퇴락한 건물을 중수하였으며, 1912년 대본산 건봉사(乾鳳寺)의 말사가 되어 명맥을 이어오다가 6·25전쟁을 맞았다. 그러나 치열한 설악산 전투 속에서도 이 절은 기적적으로 피해를 면하였고, 전쟁이 끝난 뒤 이절에 봉안되어 있던 관세음보살좌상은 전화를 입고 다시 건립한 낙산사 원통보전으로 옮겨 봉안하였다.

그 뒤 1887년의 중수 때 건립한 원통보전과 선실 겸 요사로 사용하던 건물 2동뿐인 아담하고 자그마한 절로서 명맥을 이어오다가 1992년의 중건불사를 통하여 새로운 면모를 갖추게 되었다.

■성보문화재

영혈사의 현존 건물로는 극락전(極樂殿)·지장전(地藏殿)·산신각(山神閣)·요사와 이전의 중심법당이었던 원통보전(圓通寶殿)을 옮겨서 세운 절

극락보전 삼존불좌상

입구 건물 1동이 있으며, 특기할 만한 문화재는 없다.

• 극락보전

앞면 3칸, 옆면 2칸의 규모에 팔작지붕을 한 극락보전은 근래에 새로 지었다. 본래 이 자리는 지금 절 아래쪽에 있는 원통전이 자리한 곳이다. 안에는 금동아미타삼존불좌상이 봉안되어 있다. 좌우 협시인 관음 · 세지보살좌상을 포함하여 최근에 봉안하였다. 그 밖에 최근에 그린 후불탱, 1958년에 조성한 칠성탱과 신중탱, 그리고 1997년에 그린 감로탱 등이 있다.

전에는 높이 100cm 남짓한 관음보살좌상이 봉안되어 있었다. 6 · 25전쟁 이후에 모셨는데, 지금은 낙산사 원통전으로 이운되었다.

• 원통전

대웅보전 아래쪽 범종각 옆에 있는 원통전은 현재 영혈사 건물 가운데 가장 오래되었다. 팔작지붕에 앞면 3칸, 옆면 2칸의 규모로 본래 지금의 극락보전 자리에 있으면서 금당 역할을 하였다. 안에는 최근에 봉안한 금동지장보살좌상과 후불탱이 있다.

• **지장전**

극락전 아래 왼쪽에 자리한 지장전은 앞면 3칸, 옆면 2칸의 맞배지붕 건물로, 근래에 새로 지은 건물이다.

안에는 1992년에 봉안한 금동지장보살좌상이 있고, 역시 최근에 그린 후불탱이 있다.

영혈사의 가람배치

홍련암

■위치와 창건

홍련암(紅蓮庵)은 양양군 강현면 전진리 55번지에 자리한 대한불교조계종 제3교구 본사 신흥사의 말사이자 낙산사의 산내암자이다.

홍련암은 676년(문무왕 16) 낙산사를 창건한 의상(義相) 스님이 관음보살의 진신을 친견한 곳인 관음굴(觀音窟) 위에 지은 불전이다. 곧 의상 스님이

홍련암 내경

홍련암 법당에서 내려다본 관음굴

이곳에서 밤낮없이 7일 동안 기도를 하자 바다 위에서 홍련이 솟아났고, 그 꽃 속에서 관세음보살이 현신하였으므로 이 암자의 이름을 홍련암이라 하였다고 전한다.

바닷가 암석굴 위에 자리 잡은 이 암자는 창건 당시부터 법당 마루 밑을 통하여 출렁이는 바다를 볼 수 있도록 지어졌다. 여의주를 바친 용이 불법을 들을 수 있도록 배려하여 이와 같이 지었다는 것이다.

창건 이후 천년 동안 여러 차례의 중건과 중수가 있었으나 사적기에는 1619년(광해군 11)의 중건부터 자세한 기록을 남기고 있다. 특히 1683년(숙종 9) 관음굴의 불상을 개금할 때 석겸(釋謙) 스님은 공중으로부터 내려온 명주(明珠) 하나를 얻고 크게 환희하였다. 이 구슬이 관음보살이 내린 사리였기 때문이다. 석겸 스님은 곧 사리를 모신 탑을 건립하여 탑의 이름을 공중사리탑(空中舍利塔)이라 하였고, 1694년에는 사리탑을 세우게 된 유래를 적은 공중사리탑비를 세웠다.

그 뒤 1752년(영조 28)에는 진린(眞麟) 스님이 관음굴을 중수하였고, 1797년(정조 21)에는 혜민(惠旻) 스님이 중건하였다. 1866년(고종 3) 바닷물이 넘쳐 홍련암이 무너지자, 3년 뒤인 1869년 의연(義演) 스님이 중건하였다. 그리고 1908년에는 관음굴이 무너졌으며, 이 또한 3년이 지난 다음인 1911년에 흥운(興雲)과 청호(晴湖) 스님이 중건하였다. 그 뒤에도 여러 차례의 중수를 거친 홍련암은 오늘날까지 참배객들의 행렬이 끊이지 않는 관음기도도량으로서의 면모를 보이고 있다.

2005년에 일어난 산불로 낙산사는 커다란 피해를 입었지만, 홍련암은 법당 지붕 등 일부만 다소 그을렸을 뿐 다행히 커다란 피해는 없었다. 현재 홍련암 전체가 강원도 문화재자료 제35호로 지정되어 있다.

■ 성보문화재

홍련암의 현존 건물로는 법당과 요사가 있으며, 주요 문화재로는 강원도 유형문화재 제75호로 지정되어 있는 양양낙산사사리탑(공중사리탑)이 있다.

그리고 홍련암 입구에는 유서 깊은 약수가 있다. 관음보살입상이 들고 있는 감로병을 통하여 물줄기가 흘러나오도록 한 이 약수는 창건 직후 이곳에 온 원효대사가 물이 없음을 애석히 여겨 신통력으로 20리 밖의 영혈사(靈穴寺) 물을 끌어온 것이라고 한다. 현재 원효대사가 창선한 양양의 영혈사에는 영천(靈泉)이 있는데, 홍련암으로 물줄기를 끌고 간 뒤 영천의 물이 반으로 줄어들었다고 한다. 감로수라고 이름 붙여진 이 약수의 맛이 일품이다.

그 밖에도 약수 옆에는 조종현 스님의 '의상대 해돋이'라는 제목의 시조비(時調碑)가 있다.

• 관음굴

현재 '紅蓮庵'이라는 편액이 붙어 있는 이 법당은 예로부터 관음굴이라 불러왔던 건물이다.

앞면과 옆면 각 3칸씩의 팔작지붕 건물로, 긴 변이 절벽에 위치하고 있어 합각 머리가 있는 쪽에 문을 달았다. 내부 중앙에는 높이 52cm의 관음보살 좌상이 봉안되어 있는데, 조선시대 후기 불상의 특징이 잘 나타나 있다. 그 뒤쪽에는 선재동자가 묘사되어 있는 관음탱화가 있고, 그 좌우로는 천녀의 탱화를 두어 또 다른 특징을 보이고 있으며, 보살상의 위쪽에는 소담스러우면서도 화려한 십자형 닫집이 있다.

특히 눈길을 끄는 것은 우물천정 중앙으로 돌출한 청룡과 황룡이다. 용이 천정 중앙에 있을 때는 좌우에서 서로 마주보는 형국을 취하는데, 이 법당의 두 마리 용은 모두가 바다 쪽을 보고 있어 법당 전체를 특이한 분위기로 바꾸어 놓고 있다.

법당 밑의 관음굴은 바위 사이의 높고 좁은 단애로서, 파도가 밀려오면 용이 트림하는 듯한 소리를 낸다. 특히 굴 입구에서 거센 파도와 함께 그 소리를 들으면 담력이 큰 사람들도 상당한 두려움을 느끼기 마련이다. 그런데 의상 스님은 이 굴에서 7일 동안이나 기도를 하였다. 그것도 모자라 파도치는 물속에 몸을 던져 투철한 의지를 보였던 것이다. 그리고 법당 앞쪽에는 경봉(鏡峰) 스님이 말년에 쓴 다음과 같은 관음찬(觀音讚) 주련이 걸려 있다.

白衣觀音無說說
南巡童子不聞聞
甁上綠楊三際夏
巖前翠竹十方春
백의관음보살은 설함이 없이 설하고
남순동자는 들음 없이 듣는다.
감로병의 버들은 언제나 여름이요
바위 앞의 푸른 대는 어디에서나 봄이로다.

공중사리탑

경봉 스님과 이곳 홍련암은 매우 인연이 깊다. 스님의 나이 39세 때인 1930년 2월 25일 이곳 홍련암에서 삼칠일(21일) 관음기도를 시작하였다. 7일째 되는 날 스님은 "관음보살 친견하기 어렵다 하지 말라. 큰 꿈 깨고 나면 날마다 만나리(觀音莫難親見大夢醒時日日逢)."라는 시를 남겼다. 그리고 13일째 되는 날인 3월 7일에는 수선(修繕)을 하다가 푸른 물결이 출렁이는 바다 위를 걸어 눈앞에 다가오는 백의관세음보살을 보고 기쁨과 놀라움에 젖어드는 서몽(瑞夢)을 얻고, 더욱 새로운 정신력을 얻었다고 한다. 이 같은 일화를 떠올리며 주련으로 쓴 글을 읽으면 의미가 더욱 와 닿는다.

• 공중사리탑

관음굴의 이적을 상징화한 이 사리탑은 일반적인 승려의 부도에 비해 매우 특징있는 모습을 취하고 있다. 사각의 지대석 위에 기단부의 하대석을 놓았는데, 하대석의 아래쪽에는 여덟 개의 안상(眼象)을 마련하고 그 내부에 삼태극(三太極)을 새겨 놓았으며, 안상 위에는 구름무늬를 조각하였다. 하대석 위쪽에는 두 개의 잎이 모여 꽃봉오리를 피워내는 16잎의 복련(覆蓮)이 특이한 모습으로 묘사되어 있다.

팔각형의 중대석에는 마디가 있는 여덟 개의 원주형 기둥으로 8면을 구획짓고, 각 면마다 매듭을 지은 듯한 특이한 문양을 새겨 놓았다.

한 개의 돌로 된 상대석의 아래쪽에는 16잎의 앙련(仰蓮)을 조각하고, 그 위로 네모난 곽 8면을 만들어 '옴마니반메훔' 등의 범자(梵字)를 새겨 놓았다.

탑신부의 탑신석은 둥근 모양을 취하였는데, 아래쪽에 연꽃을 선으로 조각해 놓아 특이하게 보인다. 그리고 탑신부의 옥개석부터 상륜부까지 하나의 돌로 이루어졌는데, 팔각의 옥개석은 우동선(隅棟線)이 뚜렷하고 귀꽃은 생략되었으며, 처마 끝은 수직의 면으로 마무리하였다. 그리고 옥개석의 윗부분에는 노반 대신 복련을 조각하였고, 그 위로 돋을새김한 띠를 두른 다음 앙련을 새겼으며, 앙련 위쪽으로 보륜(寶輪)과 연꽃봉오리 모양의 보주(寶株)를 올려놓았다.

1683년에 건립한 이 탑은 전체적으로 볼 때 1724년에 건립한 건봉사의 부처님 치아사리탑과 매우 유사한 구조를 보여 주고 있어 특히 주목된다. 이 공중사리탑은 조선 후기의 사리탑 연구에서 빠뜨릴 수 없는 소중한 문화재이다. 강원도 유형문화재 제175호로 지정되어 있다.

• 공중사리탑비

공중사리탑 밑에는 사리탑을 세우게 된 인연을 적은 공중사리탑비가 있고, 이 비의 끝에는 절묘한 구절의 비명(碑銘)이 새겨져 있다. 새겨볼 만한 구절이므로 옮겨 본다.

佛本無言 現珠著玄

공중사리탑비

珠亦藏光 借文以文
文之懼泯 鑱石壽傳
珠耶石耶 誰幻誰眞
辭乎道乎 奚主奚賓
於焉得之 象罔有神

부처는 본래 말이 없는데
사리로써 깊고 깊음을 나타내었네
그러나 사리 또한 빛을 감추니
애석함을 글로써 표현코자 하노라
하지만 글도 없어질까 저어하여
돌에 새겨 길이 전하려 하네
그렇다면 사리와 비석 중
어느 것이 헛됨이고 어느 것이 참됨이며

홍련암에서 내려다본 동해

말과 진리 중
어느 것이 주체이고 어느 것이 객체인가
여기에서 얻은 것 있으면
곧 상망(象罔, 無心)의 신묘함일세

선림원지

■위치와 창건

양양군 서면 황이리 미천골에 통일신라시대의 절터 선림원지가 있다.

많은 문화재를 간직한 선림원(禪林院)은 동국대학교 발굴조사단이 1985년 7월부터 1986년 8월에 걸쳐 이 사찰을 발굴한 결과 해인사를 창건한 순응법사(順應法師) 등이 창건하였다는 사실이 밝혀졌다. 광복 직후 출토된

선림원지 내경

신라 범종의 명문(銘文)에는 해인사를 창건했던 순응법사 등의 이름이 기록되어 있어 이 사찰의 종이 만들어진 804년경에 해인사 등 화엄종 계통에서 창건하였다는 사실을 알 수 있었지만, 발굴시 출토된 초창기의 기와들은 이 절이 9세기 초에 창건되었음을 확인시켜 주었던 것이다.

이 사찰이 획기적인 변모를 겪게 된 것은 9세기 중반 이후로 추정된다. 홍각선사(弘覺禪師)가 이곳에 주석하면서 대대적인 중창불사를 한 다음 사찰의 성격을 화엄종에서 선종으로 전향한 것으로 보인다. 오늘날 남아 있는 삼층석탑 · 부도 · 석등 · 귀부는 물론 발굴 때 대량으로 출토된 기와들이 대부분 9세기 후반의 것이어서 이때 대대적인 중창이 이루어졌다는 사실을 부인할 수 없다.

그러나 중창 후 얼마 지나지 않아서 태풍과 대홍수로 산이 무너져 내려 금당과 조사당 등의 중요 건물들을 덮어버렸기 때문에 폐사가 된 뒤 다시는 복원되지 못한 것으로 보인다. 왜냐 하면 발굴 당시 각종 기와들이 고스란히 출토되었기 때문이다.

■ 성보문화재

선림원지의 가람배치를 살펴보면 삼층석탑 뒤에 앞면 3칸, 옆면 4칸의 금당 건물이 배치되어 있었다. 현재 금당지의 주춧돌은 완전하게 남아 있으며, 오른쪽에 금당과 잇대어 또 하나의 건물지가 있다. 서쪽 언덕 위에는 석등이 있고 석등 북쪽으로 앞면 3칸, 옆면 2칸의 건물지가 발굴되었는데, 이 옆에 홍각선사탑비 및 귀부가 남아 있어 조사당으로 추정해 볼 수 있다. 현재의 넓은 광장에는 승방 등 많은 건물이 있었던 것으로 추정된다.

현존하는 문화재로는 보물 제444호 삼층석탑과 보물 제445호 석등, 보물 제446호 홍각선사탑비 귀부 및 이수, 보물 제447호 부도가 있으며, 절터 전체는 강원도 기념물 제53호로 지정되어 있다. 이 밖에도 이 절터에서는 800년경의 것으로 추정되는 금은동불입상(金銀銅佛立像)과 금동풍탁(金銅風

선림원지 삼층석탑

鐸), 납석제 소탑, 귀면와(鬼面瓦), 암막새기와 수막새기와가 출토되었으며, 현재에도 토기의 파편 등이 발견되고 있다.

특히 이 절에 있었던 신라 범종은 그 양식이 독특하여 우리나라 범종의 연구에 빠뜨릴 수 없는 귀중한 문화재였으나, 6·25전쟁 때 녹아서 형태를 알아 볼 수 없을 정도의 잔편만 남아 국립중앙박물관에 보관되어 있다.

• 선림원지 삼층석탑

높이 4.1m인 이 석탑은 현재 금당터 남쪽 6.5m 되는 곳에 위치하고 있으며, 2층기단 위에 3층의 탑신을 건조한 전형적인 신라식 일반형 석탑이다. 보물 제444호로 지정되어 있다.

지대석은 여러 개의 장대석으로 짰고, 하층기단 면석(面石)은 여러 매의 판석으로 짠 높은 1단의 굄대 위에 놓았다. 이 하층기단 면석은 여러 매의 장대석으로 이루어졌으며, 각 면에는 우주(隅柱)와 탱주(撑柱)가 정연하게 모각되어 있다. 하층기단 갑석(甲石)도 여러 개의 판석으로 짜서 덮었는데, 상면에는 호형(弧形)과 각형(角形)의 2단 굄을 새겨서 상층기단 면석을 받치고 있다.

상층기단 면석은 각 면 2개씩의 판석으로 조립하여 모두 8매로 구성되었으며, 각 면에는 우주와 탱주를 모각한 뒤 탱주로 2분한 각 면에는 팔부신중(八部神衆)을 양각하였다. 다소 풍화가 심하기는 하나 훌륭한 작품이다. 상층기단 갑석은 4매의 판석으로 덮었는데, 하면에는 부연(副椽)이 마련되었고, 상면 중앙에는 각형 2단의 굄이 있어 탑신부를 받치고 있다.

탑신부는 옥신(屋身)과 옥개석(屋蓋石)이 각각 1석씩으로 조성되었고, 각층 옥신에는 각 면에 우주가 모각되어 있다. 초층 옥신 상면에는 한 면 19cm, 깊이 10cm의 사각형과 그 밑에 깊이 5cm의 2단으로 된 사리공(舍利孔)이 있으나 유물은 출토되지 않았다.

각층 옥개석의 받침은 5단씩이고 추녀 밑은 수평이며, 네 모서리의 전각부(轉角部)에는 풍경을 달았던 작은 구멍이 남아 있다. 낙수면은 평평하고

선림원지 삼층석탑 팔부중상 부조

얇으며, 널찍한 옥개석의 전각에는 반전(反轉)이 있어 경쾌한 인상을 주고 있다. 옥개석 윗부분에는 각형(角形)의 2단 굄을 마련하여 그 위층의 옥신을 받고 있는데, 이것은 전형적인 신라 석탑의 한 양식이다.

3층 옥개석 윗부분에는 직경 10.5cm의 찰주원공(擦柱圓孔)이 있고, 그 위에 노반(露盤) 1석과 보륜(寶輪) · 보주(寶珠)를 함께 조성한 원추형의 돌이 놓여 있다.

각 부의 조각수법이나 결구수법으로 보아 9세기경에 조성된 것으로 보이는 이 탑은 사리장치의 도난으로 오래 전부터 무너져 한 승려가 이안하려고 전 부재를 해체하던 중 기단 밑에서 많은 납석제소탑(蠟石製小塔)과 동탁(銅鐸)이 나왔다고 한다. 이 탑의 탑신부 초층 옥신(屋身) 위쪽에 사리공(舍利孔)이 있기는 하나 많은 소탑을 봉안할 만한 공간이 없다. 따라서 이들 소탑은 처음부터 기단부나 그 밑에 넣었던 것으로 생각된다.

그리고 탑 앞에는 장방형의 배례석(拜禮石)이 놓여 있는데, 위쪽에는 아무런 조각이 없고 옆면에는 안상(眼象)이 새겨져 있다. 부처님의 영원한 몸을 모신 탑에 예배를 할 때는 무릎을 꿇고 이마를 이 배례석에 대서 절을 한다.

• 선림원지 석등

보물 제445호로 지정된 높이 2.92m의 이 석등은 전형적인 신라 석등의 형식을 따르고 있으나 간주석(竿柱石) 부분은 장구 모양을 취하고 있어 팔각의 간주석을 갖춘 일반형 석등과는 뚜렷한 구분을 보이고 있다.

아래에서부터 살펴보면, 4매석으로 짠 지대석(地臺石) 위에 8각의 하대석(下臺石)을 놓았다. 하대석의 측면에는 1구씩의 안상(眼象)을 조각하였고, 그 위의 단판복련(單瓣覆蓮)에는 큼직한 귀꽃이 있으며, 다시 구름 모양을 조각한 얕은 단과 높은 굄이 있어 간석을 받치고 있다.

간석은 원형으로 상단과 하단에는 운문을 조각하고 중앙을 향하여 비스듬히 가늘어지다가 중앙에 이르러 화형(花形)이 장식된 편구형(扁球形)과

선림원지 석등

그 상하에 복판(複瓣)의 앙련(仰蓮)과 복련을 조각한 마디가 있어 마치 장구 모양을 취하고 있다. 그리고 상대석은 밑에 복판 앙련을 두고 그 위에 높은 8각 굄을 형성하였다.

화사석(火舍石)은 팔각이고 4면에 직사각방형 화창(火窓)을 뚫었으며, 각 면 하단에는 안상(眼象) 1구씩을 조각하였다. 옥개석(屋蓋石)에는 팔각의 추녀마다 하대석(下臺石)에서와 같은 양식의 귀꽃이 있고, 꼭대기에는 8엽의 연화가 조각되어 있다.

현재 상륜부(相輪部)는 대부분이 없어졌고 복판 복련이 조각된 원형 석재가 하나 있을 뿐이다.

이 석등은 옥개석에 약간의 손상이 있을 뿐 거의 원형으로 보존된 작품으로, 약간 고준한 감이 있으나 상하의 비례가 아름답고 조각수법이 우수하다. 우리나라 석등의 연구에 있어 빠뜨릴 수 없는 귀중한 문화재이다.

선림원지 홍각선사탑비 귀부

• **선림원지 홍각선사탑비 귀부 및 이수**

현재의 선림원지에는 높이 73cm의 귀부와 5.23cm의 이수만이 있을 뿐, 홍각선사의 생애를 기록한 비신(碑身)은 남아 있지 않으며, 비신의 파편 한 개만이 국립중앙박물관에 보관되어 있을 뿐이다. 이 홍각선사탑비 귀부 및 이수는 보물 제446호로 지정되어 있다.

지대석 위에 네 발을 웅크리고 앉아 있는 귀부의 얼굴은 거북이 아닌 용(龍)의 얼굴을 취하고 있는데, 무거운 비석을 지고 하늘을 나는 것을 표현하기라도 한 듯 용의 얼굴에는 힘이 잔뜩 들어가 있다. 등은 6각령의 귀갑(龜甲)을 그대로 취하고 있고, 꼬리는 한쪽 옆으로 감았다. 그리고 등에는 만(卍)자의 변형인 나선형을 조각하여 길상만덕(吉祥萬德)을 표현하였고, 그 위에 안상(眼象)을 조각한 다음 복련(覆蓮)을 새긴 비좌(碑座)를 올려놓았다.

이수의 가장 밑부분에는 앙련(仰蓮)을 조각하였고, 그 위로 길상만덕의

선림원지 홍각선사탑비 이수

나선형을 새긴 다음 전액(篆額)과 구름 속을 노니는 네 마리 용을 조각하였다. 이수 상부의 중앙에는 용들이 취하려 하였던 보주(寶珠)를 올려놓았던 자리가 남아 있다.

비의 주인공인 홍각선사에 대해서는 자세히 전하지 않으나, 비와 파편과 『대동금석서(大東金石書』를 통하여 극히 일부만을 밝힐 수 있다. 일찍부터 서사(書史)에 해박한 지식을 갖추었던 스님은 불경을 깊이 연구한 뒤 영산(靈山)의 신석(神席)을 두루 찾아다니며 수행하였다. 수행이 깊어지자 많은 사람들이 찾아와서 도를 구하였으며, 당대의 고승으로 널리 추앙을 받았다고 한다.

비문은 숭문관직학사 겸 병부낭중 김원(金遠)이 짓고 승려 운철(雲撤)이 왕희지의 글씨를 집자(集字)하여 새겼으며, 차성현령 최경(崔瓊)이 전액을 써서 886년(정강왕 1)에 비를 세웠다고 한다. 글씨는 2cm 정도의 행서로서 당나라 회인(懷仁)이 집자한 『집자성교서(集子聖敎序)』에서 뽑은 것이다. 이

선림원지 부도

는 신라 말기 왕희지의 글씨가 보급되었음을 알려 주는 좋은 자료가 된다.

• **선림원지 부도**

높이 1.2m의 통일신라시대 부도로서, 일제강점기에 완전히 파손되었던 것을 1965년 11월에 각 부재를 수습하여 현재의 자리에 복원하였다. 현재 보물 제447호로 시정되어 있다. 원래 위치는 뒷산 쪽으로 50m쯤 올라간 곳이다.

부도의 형식은 지대석(地臺石) 위에 상 · 중 · 하대의 기단부를 형성하고 그 위에 탑신석(塔身石)과 옥개석(屋蓋石) · 상륜부(相輪部)를 차례로 놓았던 것이지만, 현재 기단부만이 남아 있다.

사각형의 지대석과 하대의 팔각 측면석은 같은 돌로 조성하였으며, 그 위에 1석으로 된 하대복련석(下臺覆蓮石)을 놓고, 다시 그 위에 같은 돌로 중대와 상대를 조성하였다.

선림원지 부도 기단 조각

지대석은 땅 위로 노출되는 부분만 다듬고 그 밑은 거칠게 다듬은 자연석 그대로 두었으며, 하대 측면석은 하단부에 각형(角形)의 낮은 굄을 각출(刻出)하고 상단은 두툼한 갑석형(甲石形)으로 모각(模刻)하였다. 8각의 측면에는 각기 안상(眼象)을 1구씩 장식하였으며, 안상 안에는 교대로 사자 한 쌍씩을 양각하였다. 사자상의 모습은 각 면이 모두 달라서 현존하는 부도의 하대 측면석 장식 중에서 가장 변화있는 모습을 보여 주고 있다.

이 팔각 측면석 위에는 연화대석이 놓여 있다. 연화대는 원형이며 그 위쪽으로 중대석을 받치는 8각의 굄대가 마련되어 있다. 복련(覆蓮)으로 이루어진 이 연화대는 복엽8판(複葉八瓣)이며, 연판은 넓은 편이다. 그 위의 굄대는 측면석과 나란히 8각으로 이루어졌으며, 낮은 각형과 높은 원호(圓弧)의 굄이 모각된 위에 반전과 갑석형으로 이루어진 높직한 또 하나의 굄이 각출되어 있다. 마치 별개의 굄석을 만들어 끼운 듯한 느낌을 줄 정도로 이 굄대는 높다.

중대석은 높직하고 둥근 간주형(竿柱形)으로, 표면에는 운룡(雲龍)이 웅장한 모습으로 새겨져 있다. 거의 원각(圓刻)에 가까울 정도로 부조가 강한 용두(龍頭), 부리부리한 눈, 큼직한 입과 코, 유려한 수염, 특히 윗입술에 붙어 위로 길게 내민 혓바닥 등이 생동감을 더해 주고 있다. 그리고 전신을 감싸고 있는 비늘은 생동적인 용두와 잘 어울리고 있으며, 꿈틀거리는 몸 주위에는 굵게 조각한 권운문(卷雲紋)이 빈틈없이 장식되어서 그야말로 승천하는 운룡의 장엄한 자태를 보여 주고 있다.

중대석에는 이러한 운룡삼체(雲龍三體)가 조각되어 있는데, 그 중 한 쌍은 운문을 사이에 두고 서로 마주보고 있으며, 1체는 뒤편에서 앞쪽의 용을 따라 방향을 취하고 있다. 운룡은 모두 측면상이므로 두부(頭部)의 웅건함과 사실적인 용린(龍鱗)이 잘 표현되었고, 사이사이마다 운문이 가득히 조각되어 있어 장중한 중대를 이루고 있다. 이와 같이 부도의 중대석에 운룡문을 조각한 경우는 다른 부도에서는 거의 찾아볼 수가 없는 이 부도만의 특징이라 할 수 있다.

상대석은 중대와 동일석으로 조성하였는데, 측면에는 8판의 앙련(仰蓮)을 새기고, 앙련 위에다 낮은 굄과 탑신을 받기 위한 높직한 탑신 굄대를 마련하였다. 상면 중앙에 팔각으로 마련된 탑신 굄대의 하단에는 다시 작은 굄이 있고 그 위 높게 반전된 위에 갑석형의 높직한 굄대가 있으며, 그 상면에 또 한 단의 낮은 각형 굄을 모각하여 탑신을 안정감있게 봉안할 수 있도록 하였다.

현존하는 기단부의 모습으로 볼 때 현재 남아 있지 않은 탑신부와 상륜부가 얼마나 화려하고 섬세하였을지를 추축해 볼 수 있다. 만일 이 부도가 원형을 완전히 갖추고 있다면 보물 중의 보물일 것임에 틀림없을 것이다.

이 부도는 현재 선림원지에 남아 있는 홍각선사탑비와의 관계로 미루어 볼 때 비가 세워진 886년을 하한선으로 삼을 수 있다. 왜냐 하면 부도와 비는 동시대에 세워지는 것이 관례이며, 형편이 여의치 않을 때는 비석보다 부도를 먼저 건립하기 때문이다.

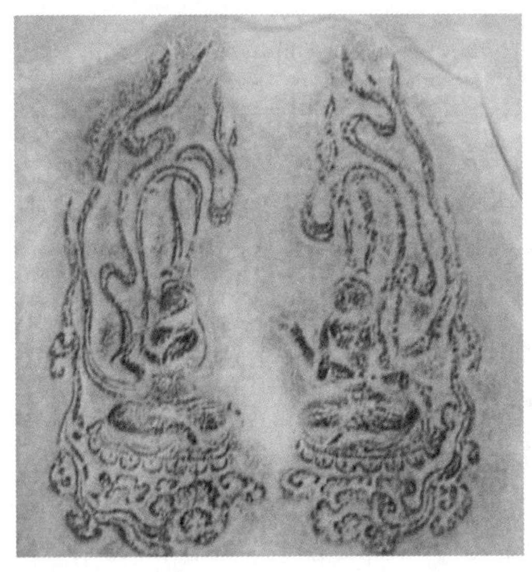
선림원지 신라 범종 비천상 탑본

• 선림원지 출토 신라 범종

이 범종은 1948년에 출토되어 1949년 오대산 월정사(月精寺)에 이관, 보존되어 오던 중 6 · 25전쟁으로 월정사가 소실될 때 함께 파손되었다. 현재 그 일부 파편만이 국립중앙박물관에 보존되어 있다.

804년(애장왕 5)에 제작된 이 종은 전체 높이 122cm, 종신 높이 96cm, 구경(口經) 68cm 크기의 중종(中鍾)으로, 출토 당시 철제현삭(鐵製縣索)이 그대로 붙어 있었으며, 종신의 내부에 이두(吏讀)로 된 명문(銘文)이 있어서 종을 만든 연대는 물론 승려와 시주자 등 주성(鑄成) 관계 인물들을 알 수 있게 하는 매우 귀중한 종으로 평가되었다.

또한 이 종은 국내에 남아 있는 범종 중 상원사종(上院寺鍾, 725년), 성덕대왕신종(聖德大王神鍾, 771년)에 이어 세 번째로 오래된 종으로, 이들 2구의 종들처럼 웅장한 편은 아니나 종의 형식은 전형적인 신라종 형식을 취하였으며, 세부 표현수법은 현재 동국대학교박물관에 있는 실상사종(實相寺

鍾)과 매우 유사하다.

균형감과 장식수법이 돋보이는 이 선림원종은 음통(音筒)을 휘감은 단룡(單龍)의 종뉴(鍾鈕) 아래로 다소 볼록한 듯한 천판(天板)을 두었다. 음통은 3단 구조인데, 표면은 연꽃으로 섬세하게 조각하였다.

종신은 전체적으로 볼 때 어깨 부분에서 벌어지며 내려오던 선이 배 부분에 이르러서는 안쪽을 향해 약간 오무라드는 듯한 선형(線形)을 그리고 있다. 종신의 어깨 부분과 4개의 유곽(乳廓)에는 반원권문 연화보상화(蓮花寶相花)를 조각하였고, 유곽 안에는 9개의 유두가 있으며, 그 아래 배 부분에는 2체의 쌍주악 비천상과 2개의 이중원권연화문(二重圓圈蓮花紋) 장식의 당좌(撞座)를 교대로 배치하였다. 그리고 가장 아랫부분에는 19체의 불좌상(佛坐像)이 조각된 하대가 있다.

비천상(飛天像)은 비운(飛雲) 위에서 천의(天衣)자락을 흩날리며 연화좌(蓮花坐)에 앉아 횡적(橫笛)과 요고(腰鼓)를 연주하는 모습으로, 구름과 천의자락, 자세 등에서 뚜렷한 생동감이 엿보이며, 피리를 부는 비천상은 실상사종의 비천상과 거의 같은 모습으로 가히 일품이라 하지 않을 수 없다.

대체로 이 종은 안정감과 균형감이 있고, 세부 무늬도 고부조(高浮彫)로 양각되어 섬세함과 장식성을 동시에 지녔다. 이러한 모습을 갖추었던 선림원지종은 현재 비록 부분만 남아 있지만, 옛 모습은 아직까지 전해지고 있어 이 종이 있었다는 사실 하나만으로도 많은 자료를 제공해 주고 있다.

특히 음통과 종신의 모양, 상하대 · 4유곽 · 비천상 등이 상원사종 · 성덕대왕신종 이후의 한국종(韓國鍾)의 맥을 잇는다는 점에서 깊은 의의를 지니고 있을 뿐 아니라, 주악비천상과 하대의 불좌상은 9세기 초의 불교조각양식을 살펴보는 데 기준이 될 수 있다. 특히 이두명문은 인명 · 관직 · 지명 등을 알려 주고 있으므로 신라 금석문 연구에도 귀중한 자료가 된다.

진전사지

■위치와 창건

양양군 강현면 둔전리 100번지 설악산(雪嶽山) 아래에 통일신라시대에 창건된 진전사(陳田寺)의 옛터가 자리한다. 이 일대는 현재 강원도 기념물 제52호로 지정되어 있다.

진전사는 신라 선문구산(禪門九山)의 효시가 되었던 가지산파(迦智山派)

진전사지 내경

의 초조(初祖) 도의국사(道義國師)가 창건한 사찰이다. 도의 스님은 784년(선덕왕 5)에 당나라로 가서 지장선사(地藏禪師)의 선법(禪法)을 이어받고 821년(헌덕왕 13)에 귀국하여 설법하였으나 사람들이 교종만을 숭상하던 때였으므로 선법을 익히려고 하지 않았다. 그리하여 이곳 설악산으로 들어와서 40년 동안 수도하다가 입적하였으며, 그의 선법은 제자 염거(廉居) 선사와 손상좌 체징(體澄)선사에 의하여 널리 전파되었다. 그러나 그 뒤의 역사는 전하지 않는다. 다만 고려 중기의 일연(一然) 스님이 1219년(고종 6) 이 절로 출가하여 대웅(大雄) 장로의 제자가 되었다는 기록이 있어 적어도 그 당시까지 존립하였음을 알 수 있고, 『신증동국여지승람』에 이 절의 이름이 보이지 않는 것으로 보아 조선 초기 이후에 폐사가 된 것으로 추정된다.

구전에 의하면, 고려 말 불교가 타락일로에 빠지고 조정 백관의 부정과 방탕으로 민생이 도탄에 빠지자 자연 변방에는 도둑떼들이 많이 생겨났다고 한다. 이곳에서도 설악산 권금성을 거점으로 한 도둑떼들이 진전사와 신흥사를 여러 차례 약탈하여 많은 피해를 입혔으며, 결국 도둑들의 노략질과 횡포에 견디지 못한 승려들이 절을 떠남으로써 폐사가 되고 말았다는 것이다.

■성보문화재

현재 절터에는 국보 제122호로 지정된 진전사지 삼층석탑 1기와 보물 제439호로 지정된 부도가 있으며, 절터는 '양양 진전사지'라는 명칭으로 강원도 기념물 제52호로 지정되어 있다.

그런데 단국대학교에서 1968년 4월 석탑과 부도를 해체 복원하기 전까지만 하여도 석탑은 무너지기 직전의 상태에 있었고, 부도는 도괴되어 부재들이 흩어져 있었다고 한다. 1989년 6월 단국대학교 중앙박물관에서 펴낸 『진전사지 발굴보고』에는 탑과 부도가 무너진 경위가 자세히 기록되어 있다. 1910년대 말 가을철에 이곳에 온 일본인 2명이 먼저 지렛대로 석탑의 옥개석을 받쳐 놓고 1층의 사리공 안에서 다량의 보물을 훔쳐내었으며, 부

진전사지 삼층석탑

도 또한 보물을 탐색하기 위해 탑신부에서 기단부에 이르기까지 지렛대로 완선히 무너뜨렸다고 한다. 우리는 이 땅의 주권을 강제로 빼앗은 일본인들이 우리의 소중한 문화유산을 무너뜨리면서까지 보물을 강제로 취했다는 사실을 마음속에 분명히 새겨 놓아야 한다.

• 진전사지 삼층석탑

높이 5.04m의 이 석탑은 통일신라시대 후기의 일반형 석탑으로 현재 국보 제122호로 지정되어 있다.

2층 기단을 갖추었으며, 상륜부는 노반석(露盤石)까지 남아 있고 그 이상은 결실되었다. 8매의 장대석(長臺石)으로 구성된 지대석(地臺石) 위에 얹은 기단부의 하층기단은 4매의 장대석으로 짠 대석 위에 5매석으로 만든 면석을 갖추었다. 면석의 각 면에는 양쪽에 우주(隅柱)를 새기고 중앙에 탱주(撑柱)를 두어 일면에 각 2좌씩의 천인좌상(天人坐像)을 양각하였다.

진전사지 삼층석탑 기단부의 팔부중

진전사지 삼층석탑 기단부의 아수라상

이들 천인상은 다 같이 연화좌 위에 앉아 있고 2중의 원형 두광(頭光)을 구비하였으며, 천의(天衣)를 날리면서 합장을 하거나 천의를 잡고 있는 등 각각 다른 형태를 취하고 있다. 상호(相好)가 원만미려(圓滿美麗)하고 유려한 천의자락이 잘 어우러진 이들 천인상은 가히 당대의 수작이다.

그런데 이 탑의 가장 아랫부분에 불교의 수행과정을 나타내는 연하좌 위에 앉은 천인상을 조각한 것은, 이미 이 자리가 세속의 번뇌를 떠난 하늘나라에 이르러 있음을 나타내기 위함이다.

그리고 천인상 위의 갑석은 4매석으로 짰으며, 아래쪽으로 너비 1cm, 깊이 0.7cm의 낙수홈을 음각하여 세밀한 의장을 보이고 있다. 갑석 위쪽에는 원호(圓弧)와 각형(角形)의 굄을 마련하여 그 위에 상층기단을 받칠 수 있게 하였다. 상층기단 면석은 일면 2매씩 8매석으로 조립하였는데, 양쪽에 우주를 새기고 중앙을 1탱주로 양분하여 팔부신중(八部神衆)을 조각하였다.

구름 위에 앉아 있는 이들 팔부신중은 천(天) · 용(龍) · 야차(夜叉) · 건달

바(乾達婆)·아수라(阿修羅)·가루라(迦樓羅)·긴나라(緊那羅)·마후라가(摩睺羅伽)로 구성된 천용팔부(天龍八部)다. 탑 남쪽면의 세 얼굴과 6개의 팔, 그리고 위로 올린 두 손에 해와 달을 올려놓은 아수라의 조각이나 현악기를 연주하고 있는 음악의 신 긴나라의 모습 등 팔면의 조각 하나하나가 사실적이면서도 웅건한 조각수법을 보이고 있다.

상층기단 갑석은 3매의 판석으로 결구하였는데, 하면에는 너비 3.5cm, 깊이 0.5cm의 낙수홈을 음각하였고, 부연(副椽)이 마련되어 있다. 그리고 상면에는 원호와 각 형의 굄대를 마련하여 탑신부를 받치고 있다.

탑신부 각 층의 옥신(屋身)과 옥개석(屋蓋石)은 각기 1석씩으로 조성하였다. 각 층의 옥신석 양쪽에는 우주가 정연하며, 초층에는 사방에 사방불(四方佛)이 양각되어 있다. 모두 연화좌 위에 결가부좌(結跏趺坐)를 하고 원형의 이중 두광과 신광을 구비하였으며, 뚜렷한 나발(螺髮)에 육계(肉髻)가 큼직한 여래상이다.

동면의 여래상은 통견의(通肩衣)가 양쪽 팔을 지나 무릎을 덮었고, 왼쪽 손은 가슴 앞에서 약함을 들고 있는 점으로 보아 약사여래(藥師如來)임이 분명하다.

서면은 서방극락세계의 아미타불(阿彌陀佛)로서 통견의가 양쪽 팔을 지나 무릎을 덮었으나 양쪽 발은 노출되었고 수인은 양손을 가슴 앞에 들어 설법인(說法印)을 취하고 있다. 남면 여래상의 법의는 우견편단의(右肩偏袒衣)이고, 오른쪽 손은 무릎 위에 놓고 왼쪽 손은 어깨까지 들어 중지와 무지가 맞닿았으며 약지도 꼬부리고 있다. 북면의 좌상도 우견편단의를 입었으며 수인은 오른쪽 손을 가슴까지 올리고 왼쪽 손은 밑으로 내리고 있다.

각 좌상의 연화좌는 단엽 5판인데 각 판내(瓣內)에는 꽃무늬를 장식하였다. 원만한 상호와 목에 돌려진 삼도(三道)가 어깨 위까지 길게 늘어진 양쪽 귀와 조화를 이루어 위엄과 자비가 넘치며 의문의 조각수법도 유려하기 그지없다.

진전사지 부도

초층 탑신의 사면에 사방불이 계신다면 그 중앙의 자리에는 영원한 진리의 부처님인 법신불(法身佛) 비로자나불(毘盧遮那佛)이 계신다. 따라서 이 탑의 중심에는 법신의 자리로 되돌아간 것을 상징하는 석가모니불의 사리(舍利)를 모시고 있었을 것이다.

이를 증명이나 하듯 이 탑의 해체 복원 때 초층 옥신의 위쪽 중앙에서는 한 변의 길이 32.5cm, 깊이 11.5cm의 네모난 사리공이 발견되었다. 하지만 그 안의 유물은 일제강점기에 도난당하고 말았다.

옥개석은 각 층마다 5단씩의 받침이 정연하고, 상면에는 2단씩의 각형 굄을 두어 그 위의 옥신석을 받치고 있다. 낙수면은 평박하고 전각의 반전(反轉)도 경쾌하다. 추녀에는 낙수홈을 음각하였고, 네 귀퉁이의 전각 양면에는 풍경을 부착하였던 작은 구멍이 하나씩 보인다.

3층 옥개석 위에는 중앙에 찰주원공(擦柱圓孔, 지름과 깊이가 각 10cm)이 있는데, 그 밑면은 지름이 7.5cm로 약간 좁아져 있다. 2매석으로 구성된 노반(露盤) 중앙에는 지름 찰주원공이 관통되어 있어, 원래는 높은 찰주가 있었음을 알 수 있다. 9세기 초의 신라 석탑을 대표할 만한 우수한 석탑이다.

• 진전사지 부도

높이 3.17m인 이 부도는 팔각원당형(八角圓堂形) 부도와 석탑의 양식을 함께 취한 특이한 구조를 보이고 있다. 신라시대 일반형 석탑의 통례인 사각형의 2층 기단 위에 앙련(仰蓮) 굄 1석을 놓고, 팔각 탑신석(塔身石)과 옥개석(屋蓋石)을 쌓은 것이다. 부도의 지대석은 6매의 장대석(長臺石)으로 구성하였고, 그 윗면에는 원호(圓弧)와 각형(角形) 1단씩의 굄을 조각하여 기단부(基壇部)를 받치고 있다.

하층기단은 4매석으로 이루어졌는데 면석(面石)과 대석이 같은 돌이고, 각 면 좌우의 우주(隅柱)와 중앙의 1개 탱주(撑柱)가 정연하다. 하층기단 갑석(甲石) 윗면에는 원호와 각형 1단씩의 굄을 마련하여 상층기단을 받칠 수 있게 하였다.

상층기단 면석은 하층기단과 같이 각 면 양쪽에 우주가 1개씩, 중앙에는 탱주가 1개 각출되어 있으며, 갑석은 2매석으로 형성되었는데 아랫면에 부연(副椽)이 마련되었고, 윗면에는 팔각으로 4분원의 굄과 낮은 각형의 반전형(反轉形) 굄이 있다. 그 위에 또 하나의 높은 각형 굄을 각출하여 모두 3단의 굄으로써 연꽃 모양의 굄석 1매를 받치고 있다.

연화대는 팔각으로 된 단엽(單葉) 16판(瓣)의 앙련좌인데, 각 연판 안에는 원형의 자방(子房) 주변에 5엽의 화판이 조각되어 있다. 윗면에는 낮은 각형 1단이 있고 그 위에 높은 4분원의 몰딩과 각형 1단을 마련하여 팔각 탑신을 받치도록 하였다. 이 연화대석의 윗면 중앙에는 사각형의 사리공이 있다.

1968년 4월 복원공사 때의 조사에 따르면 이 사리공은 가로 26.5cm, 세로 29cm, 깊이 9.5cm의 사각 모양을 취한 것으로, 깊이가 얕은 것은 연화대석 자체가 높지 않기 때문인 것으로 보인다. 그런데 연화대석을 별개의 돌로 조성하고 연화대에 사리장치를 한 것은 우리나라 부도 중 유일한 예로서 특히 주목된다. 연화대석 위의 탑신석에는 조각이나 우주 등의 표현이 없다. 오직 남쪽 1면에만 문비(門扉)처럼 생긴 전액(篆額)이 있을 뿐이다. 이중으로 조각된 전액에도 문고리나 자물쇠 등의 조각은 없다.

팔각 옥개석의 아랫면 추녀에는 깊고 널찍한 낙수홈이 음각되어 있고, 그 내면에 1단의 각형 굄이 각출되어 탑신석 위에 놓여 있다. 옥개석 윗면에는 상륜부를 받치기 위하여 팔각으로 된 1단의 각형 받침이 각출되었고, 그 주연에는 복엽(複葉) 8판의 복련이 조직되었으며, 중앙에는 찰주 1개가 있어 보주석(寶珠石)을 고정시키고 있다. 보주는 1석의 연꽃 봉오리 모양의 원형인데, 하단 측면에는 단엽 8판의 앙련을 조각하여 옥개석 윗면의 복련과 조화를 이루도록 하였다.

그리고 부도 바로 앞쪽에는 하나의 돌로 조성된 배례석(拜禮石)이 놓여 있다. 옆면에는 아무런 조각이 없으나 윗면 중앙에는 여덟 잎으로 구성된 연꽃이 장식되어 있다.

여러 가지 점으로 미루어 보아 부도는 가지산파의 초조 도의국사의 사리탑으로 추정된다. 따라서 학계에서는 우리나라 부도의 시원을 여기에 두고 있으며, 건조연대를 도의국사가 입적한 9세기 중반으로 잡고 있다. 현재 보물 제439호로 지정되어 있다.

백담사

■위치와 자연환경

백담사(百潭寺)는 인제군 북면 용대2리 690번지 설악산(雪嶽山)에 자리한 대한불교조계종 제3교구 본사 신흥사의 말사이다.

미시령 방면 46번 국도로 가다가 헌병 교통초소가 있는 한계리 삼거리에서 12.3km를 가면 외가평 삼거리에 이르게 된다. 외가평 삼거리에서 우회

백담사 내경

전을 하여 1.5km 정도를 더 가면 설악산 국립공원관리소인데, 백담사는 여기에서 7km 거리이다. 일반 관광객 차량은 여기에서 통제를 하므로 매표소에서 백담사까지 운행하는 셔틀버스를 타거나 걸어가야 한다.

대중교통은 서울 상봉터미널에서 백담사행 직행버스가 있고, 강원도 원통에서 갈 경우 간성을 경유하여 속초로 가는 직행버스 또는 시내버스가 있다.

설악산에서 가장 수량이 풍부하다는 원시상대의 백담계곡은 찾아오는 사람들의 발길이 끊이지 않은 곳이지만 아득한 옛날의 모습을 여전히 지키고 있다.

■창건과 역사

647년(진덕왕 1) 자장율사가 창건하였다. 그러나 창건 당시에는 현재의 위치에 있지 않았다. 자장율사는 한계령 부근의 한계리에 절을 세우고 아미타삼존불을 봉안한 다음, 이름을 한계사(寒溪寺)라 하였던 것이다.

창건한 지 50여 년 만인 690년(신문왕 10)에 한계사는 불타 버렸고, 30년 가까이 빈터만 남아 있다가 719년(성덕왕 18)에 중창되었다. 이후로 여러 차례 중창과 중건이 이루어졌고, 절 이름 역시 여러 차례 바뀌었다가 조선시대에 들어와서 백담사라 칭하게 되었다.

그 뒤 785년(원성왕 1)에 다시 불탔으며, 종연(宗演)·광학(光學) 스님 등이 한계사터 아래 30리 지점으로 옮겨서 5년 만에 절을 중건하고 운흥사(雲興寺)라 하였다. 그러나 987년 심원사(深原寺)로 개명하였다.

이때부터 조선 초기에 이르기까지 약 450년 동안은 별다른 변화 없이 전승되다가 1432년(세종 14) 네 번째 화재로 다시 폐허가 되었다. 그 뒤 2년 만에 30리쯤 아래에 법당과 요사를 세우고 선구사(旋龜寺)라 하였으나 1443년에 불타 버렸고, 1447년 옛터의 서쪽 1리쯤 되는 곳에 다시 절을 세워 영축사(靈鷲寺)라 하였다. 그러나 1455년 여섯 번째의 화재로 영축사가 불타자, 이듬해 재익(載益)·재화(載和)·신열(愼悅) 스님이 위쪽 20리 지점

만해 한용운

으로 옮겨 중건하고 백담사라 하였다. 이때 비로소 지금의 백담사라는 절 이름이 사용된 것이다.

1772년(영조 51) 겨울에 다시 불타 버리자, 1775년 최붕(最鵬)·태현(太賢)·태수(太守) 스님이 초암을 짓고 6년 동안 머물면서 법당과 향각(香閣) 등의 건물을 중건하고 심원사(尋源寺)라 하였다가, 1783년(정조 7) 절 이름을 백담사로 다시 바꾸었다.

이처럼 백담사는 유난히 화새가 잦았고 그때마다 전각이 소실되곤 했다. 이때까지 역사에 기록된 것만 보더라도 무려 7차례에 걸쳐 화재를 당했다. 심원사라든가 백담사라는 이름은 바로 화기(火氣)를 누르고자 하는 뜻에서 지어진 것이기도 했다. 골이 깊고 흐르는 물의 연원으로부터 먼 곳에 자리한 절이라는 뜻이기 때문이다. 이를 통해 백담사가 얼마나 화재 예방에 대해 고심했는지 알 수 있다. 이에 대한 설화도 전한다.

거듭되는 화재로 고심을 하던 사승(寺僧)의 꿈에 어느 날 노승이 나타났다. 현몽한 노승은 대청봉에서 100번째에 해당하는 웅덩이[潭] 옆에 절을 세우라고 하였다. 이튿날 스님은 노승이 점지한 곳에 절터를 잡아 중건하고 절 이름 또한 웅덩이 '담(潭)' 자를 넣어 백담사라 하였다는 것이다. 그 뒤 백담사에는 오랫동안 화재가 없었다.

그러나 1915년 겨울 어느 날 밤 또다시 큰 화재가 일어났다. 이때의 화재로 불상과 탱화 20여 점을 제외한 건물 70여 칸과 경전 · 범종까지 모두 불타 버렸다. 당시의 주지 인공(印空) 스님은 오세암에 머물면서 백담사의 중건에 착수하였고, 기호(基鎬)와 인순(仁淳) 스님 등이 강원도 일대를 다니면서 받은 시주금으로 1919년 4월에 법당 20칸과 화엄실(華嚴室) 25칸을 건립하였다. 1921년 봄에는 법화실(法華室) 16칸을 비롯하여 응향각(凝香閣) · 사무실 등 30칸을 이룩하고, 종과 북을 새로이 주조하여 낙성법회를 열었다. 한용운 스님이 『백담사사적』을 편찬한 1928년 당시의 백담사는 복구가 끝나고 정리가 되어 있을 때였다.

근대에 이르러 백담사는 한용운 스님이 머물면서 『불교유신론』과 『십현담주해(十玄談註解)』, 『님의 침묵』을 집필하는 장소가 되었고 만해사상의 고향이 되었다. 그러나 이 절은 1950년 6 · 25전쟁 때 소실되고 말았다.

그 뒤 1957년 대웅전과 법화실 · 화엄실을 중건하면서 중창의 불사를 시작하여 지금은 여느 대찰 못잖은 규모를 갖추게 되었다. 특히 이 절은 1988년 12월부터 전두환 전 대통령이 2년 동안 은거하여 일반인에게도 많이 알려지게 되었다.

■중창 설화

자장율사가 창건한 한계사가 불타 버린 뒤 719년(성덕왕 18)에 중창하였다. 『백담사사적기』에는 이때의 중창과 관련하여 다음과 같은 전설이 전한다.

화천군으로 바뀐 낭천현(狼川縣)에는 비금사(琵琴寺)가 있었으며, 주위의 산에는 짐승들이 많아 사냥꾼들이 많이 찾아들었다. 이로 말미암아 그곳의 산수가 매우 부정해졌지만, 비금사 승려들은 그것을 모른 채 샘물을 길어 부처님에게 공양하였다. 더러움을 싫어한 산신령은 하룻밤 사이에 절을 설악산의 대승폭포 아래의 옛 한계사터로 옮겼다.

그 사실을 모르는 승려와 과객들이 아침에 깨어나 보니 절은 비금사가 틀림없었지만, 기암괴석이 좌우에 늘어서고 전후에 쏟아지는 폭포가 있는 산은 이전과 달랐다. 사람들이 그 까닭을 몰라 어리둥절하고 있는데 갑자기 관음청조(觀音靑鳥)가 날아가면서 일러 주었다.

"낭천의 비금사를 옛 한계사로 옮겼노라."

지금까지도 이 전설은 그대로 전해지고 있으며, 이 지방 사람들은 춘천 부근의 '절구골', 한계리의 '청동골' 등의 지명이 절을 옮길 때 청동화로와 절구를 떨어뜨린 때문에 생겨난 것이라고들 한다. 이와 같은 여러 가지 구전을 통하여 한계사를 중창할 때 비금사를 옮겨간 것임을 추정할 수 있다.

■성보문화재

백담사의 현존 건물로는 금당인 극락보전을 비롯하여 나한전 · 산령각 · 범종각 · 인왕문 · 금강문 등의 전각과 화엄실 · 법화실 · 만복전 · 만해교육관 · 만해당 등의 요사, 그리고 백담다원과 만해적선당 등의 찻집 및 기념품점 등이 있다.

주차장에서 내려 경내로 들어가려면 우선 백담계곡을 가로질러 있는 수심교를 건너야 한다. 그 앞에는 천왕문이 있어 이곳을 지나 경내로 들어가는데, 바로 앞에는 예전 정문이었던 솟을문이 또 있으나 지금은 사용하고 있지 않다.

경내로 들어서면 먼저 삼층석탑이 보이고, 그 너머 한가운데에 극락보전이 자리한다. 극락보전 좌우에는 요사인 법화실과 화엄실이 있으며, 극락보전 뒤쪽 좌우에 각각 근래에 지은 나한전과 산령각이 거의 같은 축선상에 있다. 법화실 뒤 경내 맨 오른쪽에는 요사인 만해당이 있고, 그 앞에는 만해

백담계곡

기념관이 있다. 만해는 여기에 머물렀던 한용운 스님의 법호다. 산령각 왼쪽에 나지막한 담장이 둘러져 있는데, 스님들의 수행공간이자 생활공간인 만복전과 만해교육관 등이 자리한다.

솟을문 왼쪽에는 전통찻집으로 일명 농암실로 불리는 백담다원이, 그리고 그 왼쪽 담장 너머에 만해적선당이 있다.

• 극락보전

1957년 중건 때 지은 앞면 5칸, 옆면 3칸의 팔작지붕 건물이다. 본래 대웅전이라 하였으나 1991년 증축불사 때 지금처럼 극락보전으로 편액을 바꾸어 달았다. 1987년에 만든 정면 문에는 꽃창살이 아름답게 조각되어 있으며, 외벽에는 수행자가 본성을 찾는 것을 목동이 소를 찾는 것에 비유한 열 폭의 심우도가 그려져 있다.

안에는 아미타불상을 중심으로 관세음보살과 대세지보살이 좌우에 협시

극락보전

하고 있는 목조 삼존상이 봉안되어 있다.

그리고 삼존불 뒤로는 후불탱이 봉안되어 있고, 위쪽으로는 간략하게 만든 보궁형 닫집이 있으며, 불단은 갖가지 조각을 새긴 최근 것이다. 삼존불을 향하여 왼쪽에는 지장보살좌상이 봉안되어 있다. 그 밖에 지장탱 · 신중탱 · 신성탱 등이 봉안되어 있다.

삼존불을 향하여 왼쪽에는 삼존불과 크기가 비슷한 지장보살좌상이 봉안되어 있다. 왼손에 육환장(六環杖)을, 오른손에 보주를 들고 있는 이 지장보살상은 머리 위에 두건을 쓰고 있고, 단아한 모습과 함께 온 얼굴에 번져 있는 잔잔한 미소가 일품이다. 지장보살좌상 뒤로는 지장보살삼존과 명부시왕, 일직 · 월직사자 등이 묘사된 탱화가 있고, 위쪽에는 보개형 닫집이 갖추어져 있다.

삼존불을 향하여 오른쪽 바로 옆에는 칠성탱화가 있다. 이 탱화는 1960년에 그린 것으로, 중앙에는 치성광여래와 일광 · 월광보살이 있으며, 그림

극락보전 지장보살좌상

을 3단으로 나눌 때 위쪽 단에는 7불이 그려져 있다. 그리고 중간 단에는 칠원성군 중 여섯 분과 남극성이 있으며, 아래쪽 단에 북두신을 중심으로 정자관을 쓴 여섯 분의 토속칠성이 시립해 있다. 상단에는 일곱 부처님을 모두 그려 놓고 중단과 하단의 칠원성군과 토속칠성 중 여섯 분씩만 그린 까닭을 알 수는 없으나 정형에 맞지 않는 것 같다.

칠성탱화 옆에는 백색의 칠을 한 석가여래삼존불과 18나한상, 시봉 · 신장 등이 모셔진 불단이 있다. 중앙의 삼존불은 석가모니불과 제화갈라보살 · 미륵보살상인데, 들고 있는 연꽃이 부처님 쪽으로 향하고 있어 일반적인 삼존불 배치와 상치되고 있다. 곧 좌우보살의 연꽃이 바깥으로 향하는 것이 일반적인 배치법이다. 따라서 이 두 보살상은 좌우가 뒤바뀌었다고 보아야 한다. 특히 주목되는 것은 불상 뒤쪽에 걸어 놓은 나한탱화이다. 1927년에 그린 현재의 탱화에는 모두 130분의 나한상이 묘사되어 있으며, 이는 오백나한도의 일부에 해당한다. 따라서 원래의 백담사에는 이와 같은 탱화

극락보전 목조 아미타불좌상

가 세 점 더 있었음을 알 수 있다. 탱화 속에 그려진 한 스님 한 스님의 표정은 하나같이 뚜렷한 개성을 나타내고 있고, 손 모양이나 자세가 모두 다르다. 비록 오래된 작품은 아니지만 우리나라에 오백나한도가 흔치 않다는 현실에 입각해 볼 때 이 탱화는 잘 보존되어야 할 가치가 있는 것이다.

그리고 이 탱화 오른쪽으로는 1987년 9월에 그린 신중탱화가 있다. 동진보살을 중심으로 제석천과 대범천, 그리고 각종 신장들로 구성된 이 탱화는 붉은 바탕에 금으로 그린 것으로, 비록 최근작이나 정성을 다해 그린 흔적이 역력하다.

• 극락보전 목조 아미타불좌상과 복장물

극락보전에 봉안된 삼존상 중 중앙의 아미타불좌상은 조선시대 후기에 만든 것으로, 근래에 복장이 조사되어 1748년(영조 24)에 조성된 것임을 알 수 있었다. 고개를 조금 숙여 아래를 굽어보는 자세를 취하고 있는데, 머리에는 정상계주(頂上髻珠)가 큼직하게 솟아 있고 육계(肉髻)의 구분이 불분명하며, 나발(螺髮)이 촘촘하게 표현되고 있다. 얼굴은 둥글고 단아하여 당시의 사각형에 평판적인 얼굴보다 우수한 편이다. 또한 눈이 가늘고 입이 작으며 코가 돌출하여 독특한 인상을 나타내고 있다.

상체는 가슴이 넓고 어깨가 둥글어 당당한 인상을 주지만 다소 평판적인 당시의 특징을 따른 것이며, 하체의 앉아 있는 형태는 넓고 큼직하며 상체와 조화를 이루고 있는데 이러한 특징은 당시의 목불상 가운데 대표작임을 알려 주고 있다. 두 손은 시무외 · 여원인에 엄지와 중지(中指)를 맞댄 하품중생인(下品中生印)을 하고 두 발은 결가부좌(結跏趺坐)하고 있다. 통견(通肩)의 불의(佛衣)는 두꺼운 편인데, 옷주름이 돌출하고 어깨의 Ω형 주름과 무릎 사이의 주름들이 곡선으로 처리된 점, 그리고 가슴의 U자형 중복주름이나 가슴 내의(內衣) 상단의 곡선형 주름은 조선 초기의 특징이 내려온 것으로 이 불상을 좀 더 돋보이게 한다. 이처럼 18세기 전반기의 불상 가운데

극락보전 아미타불삼존상

수작으로 평가되는 이 목불상은 복장품(腹藏品)을 갖추고 있어서 특히 주목된다.

복장품은 만자소화(卍字小花) 무늬의 삼회장저고리는 1748년(영조 24) 저고리로서 상태가 매우 아름답고 색상이 선명하며 바느질 상태가 고르다. 저고리의 주인공은 깃과 곁마기의 만자운용문(卍字雲龍紋) 자단색으로 보아 궁중의 왕족이거나 왕실과 관계된 신분으로 추측된다. 따라서 이 저고리는 당대 복식 연구에 귀중한 자료이다.

다른 복장물은 유리와 수정 등의 파편 수백 점을 보자기에 싼 것으로 복장물을 대체한 것이다. 목조 아미타불좌상과 복장유물은 현재 보물 제1182호로 지정되어 있다.

• 나한전

극락보전 오른쪽 뒤편에 나한전이 자리한다. 잘 다듬어진 기단 위에 세워진 앞면 3칸, 옆면 2칸의 팔작지붕 건물이다.

안에는 금동석가여래삼존불상이 봉안되어 있고, 그 좌우와 뒤쪽에 1960년에 조성한 18나한상을 비롯한 500나한상, 시봉, 신장 등이 모셔진 불단이 있다. 중앙의 삼존불은 석가모니불과 제화갈라보살, 미륵보살상이다.

불화로는 1927년에 조성한 나한탱이 있다. 그림에는 모두 130분의 나한상이 묘사되어 있으며, 이는 오백나한도의 일부에 해당한다. 따라서 본래의 백담사에는 이와 같은 불화가 세 폭 더 있었음을 알 수 있다. 불화 속에 그려진 한 스님 한 스님의 표정은 하나같이 뚜렷한 개성을 나타내고 있고, 손 모양이나 자세가 모두 다르다.

• 화엄실과 법화실

극락보전 정면에 그리 오래 되지 않은 것으로 보이는 삼층석탑 1기가 있다. 지대석 위에 탱주도 우주도 없는 돌로써 기단부를 만들고, 그 위에 옥개받침 3단에 전체적인 체감비율이 전혀 맞지 않는 3층의 집을 만들어 놓았으며, 상륜부에는 복발 형태의 둥근돌 하나를 올려 놓았다. 옛 석탑의 부재 일부를 사용하여 새로 단장한 것으로 보인다.

그리고 삼층석탑 좌우에는 현재 큰방으로 사용하는 화엄실과 주지실 및 법화실이 있다. 두 건물 모두 앞면 5칸, 옆면 3칸인데, 극락보전 쪽의 지붕은 맞배지붕이고, 그 반대쪽은 팔작지붕으로 되어 있다.

지금은 편액이 걸려 있지 않지만 백담사에 화엄실이라는 이름의 요사가 처음으로 건립된 것은 1919년이고, 법화실이 생긴 것은 1921년이다. 우리나라 대부분의 사찰에서는 법당 좌우의 건물에 이름을 붙일 때 심검당(尋劍堂)과 설선당(說禪堂) 또는 선당(禪堂)과 승당(僧堂)이라는 칭호를 많이 쓴다. 그런데 백담사에서는 화엄실과 법화실이라고 한 것이다. 이는 곧 백담사가 선을 지향하기보다는 불교의 최고 경전인 『화엄경』과 『법화경』을 공부하는 강원의 성격이 강하였음을 나타내 주는 귀중한 사료가 되는 것이다.

산령각

이 이름은『화엄경』에 통달한 고승으로 백담사와 오세암에 머문 한용운 스님의 영향으로 보인다.

• 산령각

극락보전 뒤 왼쪽에 산령각이 있는데 앞면과 옆면 각 1칸씩이다. 설악산의 산신이 그 어느 산의 산신들보다 격이 높다고 하여 산신각(山神閣)이라 하지 않고 산령각(山靈閣)이라 편액하였다고 한다. 높은 축대 위에 단아하게 서 있다.

내부에는 1957년에 그린 산신탱이 봉안되어 있다. 머리에는 사모를 쓰고 오른손에는 하얀 깃털 부채를 들고 있으며, 한쪽 무릎을 세워 왼팔을 올려놓았다. 그리고 산신 옆에 앉은 줄범은 흰눈썹과 황색 눈빛, 붉은 코, 입밖으로 송곳니 두 개를 드러내고 있다. 연대는 그리 오래되지 않고 전통기법에서 벗어났지만 나름대로의 특색을 엿볼 수 있다.

정문

• **정문**

1990년 9월에 완공한 거대한 돌다리 수심교를 건너면 곧바로 백담사의 문이 나타난다. 사찰의 문 중에는 보기 드물게 중앙 칸의 지붕을 양측 칸의 것보다 높게 하여 꾸민 솟을삼문이다. 지붕도 맞배지붕으로 처리하고 문짝의 크기도 중앙 칸의 것을 양측 칸의 것보다 크게 하여 솟을삼문의 특징을 잘 갖추고 있다. 다만 중앙 칸만 통로로 사용하고 양측 칸을 막아서 사람들이 다닐 수 없도록 한 것이 일반적인 솟을삼문과의 차이점이다. 그런데 우리나라에서 이 솟을삼문은 종묘나 재실 · 사당 · 서원 등의 대문으로 많이 사용되며, 그 중앙 칸은 신들이 다니는 신도(神道)로, 양측 칸의 문은 제주(祭主)나 일반인의 출입구로 이용되고 있다. 아마도 1957년의 중건 때 주변의 어느 서원이나 사당의 건물을 옮겨 온 것으로 보인다.

만해 한용운 동상

• **만해당**

요사인 만해당은 앞면 6칸, 옆면 4칸의 건물인데 지붕이 특이한 모양을 하고 있다. 화엄실과 법화실처럼 한 면은 풍판을 단 맞배지붕의 형태를 갖추고 있고, 다른 한 면은 팔작지붕의 모양을 하고 있다. 이러한 예는 영주 부석사 구 범종루에서 찾아볼 수 있다.

• **한용운 스님과 시비**

백담사의 정문 안 왼쪽 꽃밭 속에는 커다란 화강석으로 만든 만해 한용운 스님의 시비(詩碑)가 서 있다.

백담사는 만해사상의 고향이라 할 수 있다. 인생의 본질에 대한 강한 회의로 평범한 삶을 포기한 스님은 백담사를 출가처로 삼아 머리를 깎았다. 그리고 이곳에서 선(禪)과 염불수행에 몰두하였고 불경을 깊이 있게 섭렵하였다. 그 결과 스님은 어떠한 상황에서도 변치 않는 금강괴불의 마음을 평상심으로 사용할 수 있는 경지에 이르렀다. 그리고 독립운동을 전개하였다.

스님은 이 땅 전체를 커다란 감옥으로 여기고 죽을 때까지 거처하던 방에 불을 지피지 않았다. 숱한 조선의 지성인들이 변절의 모습을 보일 때, 이를

만해마을

애석히 여긴 스님은 "청년아, 만지풍설 속에서도 꽃을 피우는 매화의 정절을 본받으라."고 설파하였다.

승려이자 독립운동가요 시인이었던 한용운 스님은 백담사와 깊은 인연을 맺었지만 그와 관련된 유물은 볼 수 없다. 따라서 스님을 기리고자 하는 사람들이 시비를 세웠다.

나는 나룻배
당신은 행인
당신은 흙발로 나를 짓밟습니다.
나는 당신을 안고 물을 건너갑니다.
…….

이렇게 시작되는 스님의 대표시 '나룻배와 행인'이 앞면에 한글로 새겨져 있고, 뒷면에는 스님의 오도송(悟道頌)을 한문으로 새겨 놓았다.

나이 39세가 되던 1917년 겨울, 백담사의 오세암에서 좌선삼매에 들었던 스님은 불어오는 바람의 힘에 의해 그 어떤 물건이 떨어지는 소리를 듣는 순간, 오랫동안 품었던 마음속의 의심이 씻은 듯이 풀렸다고 한다. 음력 섣달 초사흗날 밤 10시경의 일이었다. 스님은 그때의 깨달은 경지를 한 수의 시로 나타내었다.

남아에겐 어디메나 고향인 것을
몇 사람이나 나그네의 설움 속에 길이 갇혔나.
일성을 버럭 질러 삼천세계 뒤흔드니
눈 속의 복사꽃이 붉게 흩날리누나.

그리고 "만해 한용운을 좋아하는 사람들이 단기 4324년 5월 백담사에 시비를 세우다."라는 글을 시비 밑쪽 기단석에 조그맣게 새겨 놓았다.

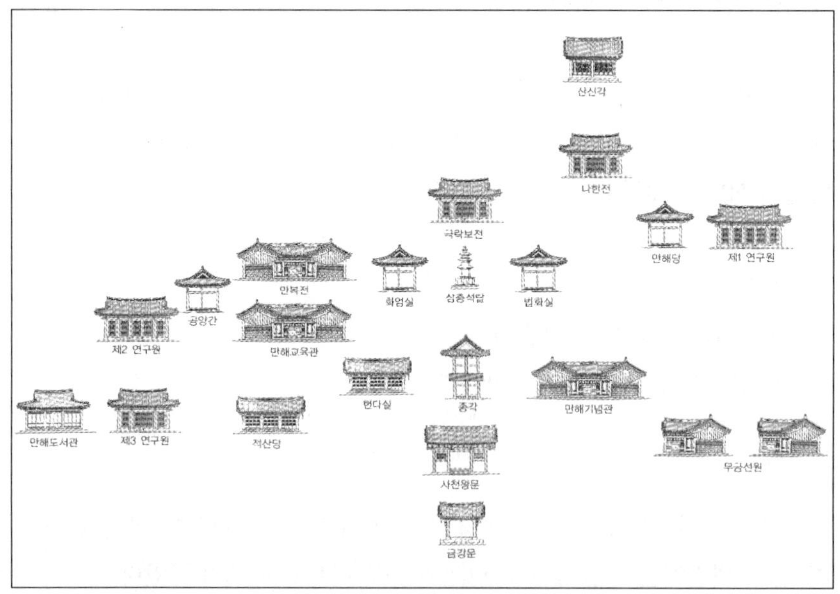

백담사의 가람배치

백련정사

■위치와 창건

백련정사(白蓮精舍)는 인제군 인제읍 상동3리 383번지에 자리한 대한불교조계종 제3교구 본사 신흥사의 말사이다.

인제읍내에서 그다지 멀지 않은 곳에 위치하며, 관음기도처로서 인근에 널리 알려져 있다.

문헌기록이 남아 있지 않아서 백련정사의 창건이나 역사에 대한 것은 상당수 잘 알려져 있지 않다. 구전에 따르면 통일신라시대에 창건하여 천곡사(泉谷寺)라 하였다고 하는데 창건주는 전하지 않는다. 절 위쪽으로 약 2km쯤 올라간 곳에 용천(龍泉)이 있어 그 물이 계곡물을 이루어 절 앞을 지나가므로 '용천수가 흐르는 계곡에 있는 절'이라는 뜻에서 천곡사라 하였다고 한다.

그 뒤 천년 가까이의 역사는 전해지지 않으며, 19세기 후반에서 20세기 초반 무렵에 용천 곁으로 이건하여 신수리사(新修理寺)로 절 이름을 바꾸었다고 한다. 그러나 1950년에 일어난 6·25전쟁 때 불타 없어진 채로 15년 동안 터만 남아 있었다. 그 뒤 1966년에 중창하면서 옛 이름을 살려 천곡사라 하였다. 그리고 1969년 강효진(姜曉進) 주지가 천일관음기도를 행한 뒤 절 이름을 백련정사로 바꾸었으며, 법당 등을 새로 지어 오늘에 이르고 있다.

■성보문화재

백련정사에는 앞면 3칸, 옆면 2칸의 팔작지붕인 법당 대비전(大悲殿)과 앞면 5칸, 옆면 3칸의 인법당인 관음전(觀音殿)이 있다. 이 관음전은 2006년 여름 수해로 반파된 직후 복구되었다. 대비전 안에는 관음보살좌상과 후불탱 등이 봉안되어 있다.

또한 경내에 강원도민속자료 제34호로 지정된 삼층석탑 1기와 석불좌상이 있다. 본래 이 두 문화재는 인제군 남면 신남1리의 암자 옆에 있었으나, 소양댐 건설로 1972년 12월 23일에 이 절로 이전 안치하였다.

삼층석탑은 현재 2층까지만 남아 있다. 기단부는 하대석 위에 우주(隅柱)만을 조각한 중대석이 있는데 한쪽 부분이 크게 훼손되었다. 중대석 위의 상대갑석은 약간의 경사를 이루며, 그 위에 1층 옥신(屋身)과 옥개석(屋蓋石)을 올려놓았다. 옥개석은 끝이 다소 파손되었으나 처마 곡선이 아름답고 반전이 적당하며, 옥개받침은 4단으로 되어 있다. 그리고 2층의 옥개석 위에는 최근에 깎아 올린 둥근 보주를 올려놓았다.

탑 옆에 있는 석불은 회칠을 해 놓았는데 결가부좌에 지권인(智拳印)을 취하고 있어 한눈에 비로자나불좌상임을 알 수 있다. 얼굴은 많이 마모되었으나 균형이 잘 잡힌 몸매를 갖추고 있다. 그리고 석불 아래에는 팔각의 연화대좌가 놓여 있는데, 팔각의 중대석이 결여되어 있다.

이 불상과 삼층석탑은 양식상으로 볼 때 같이 조성된 것으로 보이며, 조성시기는 고려시대로 추정된다.

봉정암

■위치와 창건

봉정암(鳳頂庵)은 인제군 북면 용대리 산76번지 설악산(雪嶽山)에 자리한 대한불교조계종 제3교구 본사 신흥사의 말사이다.

봉정암에 오르는 길은 설악산국립공원 관리소를 지나 백담사 앞에서 백담계곡을 따라 영시암까지 간 뒤, 고개를 하나 올라서면 오세암과 봉정암으

봉정암 전경

봉바위

로 갈리는 첫 이정표가 나오는데, 거기에서 오른쪽 산길로 가는 방법을 많이 선택한다. 여기에서 봉정암까지는 산길로 약 6~7시간 정도 걷는다.

해발 1,244m 설악산 소청봉 아래에 자리하여 남한 지역에서 가장 높은 곳 중 하나이며, 적멸보궁으로 유명하다. 봉정암의 형세는 봉황이 알을 품은 듯한 형국이라고 하는데, 뒤쪽으로 봉황이 살짝 날개를 편 듯한 거대한 바위를 중심으로 가섭 · 아난 · 기린 · 할미 · 독성 · 나한 · 산신봉 등이 암자를 감싸 수호하고 있다.

봉정암은 자장(慈藏)율사가 644년(선덕왕 13)에 창건했다고 전한다. 당나라 청량산에서 3 · 7일(21일)기도를 마치고 문수보살로부터 부처님의 진신사리와 금란가사를 받고 귀국한 자장율사는 처음 금강산으로 들어가 불사리를 봉안할 곳을 찾고 있었다. 그런데 어디서인지 찬란한 오색빛과 함께 날아온 봉황새가 스님을 인도하는 것이었다. 한참을 따라가다 바위가 병풍처럼 둘러쳐진 곳에 이르렀고, 봉황은 한 바위 꼭대기에서 사라져 버렸다. 그 모습이 봉황처럼, 부처님처럼 생긴 바위였다. 부처님의 사리를 모실 인연처임을 깨달은 스님은 탑을 세워 부처님의 사리를 봉안하고 조그마한 암자를 건립하였다고 한다. 이렇게 창건된 봉정암은 우리나라 5대 적멸보궁 중의 하나로서 불교도라면 살아생전에 꼭 참배해야 하는 성지로 정착되었다.

봉정암은 창건 이후 지금까지 아홉 차례에 걸쳐 중건되었다. 667년(문무왕 17) 원효(元曉)대사의 중건에 이어, 고려 중기인 1188년에는 보조(普照)국사가 중건하였다. 그리고 한용운 스님이 1923년에 쓴 「백담사사적기」에는 1518년(중종 13) 환적(幻寂) 스님이, 1548년(명종 3) 등운(騰雲) 스님이, 그리고 1632년(인조 10) 설정(雪淨) 스님이 각각 중건했다고 나와 있다. 그런데 「백담사사적기」에 첨부된 「봉정암중수기」와 「봉정암칠창사적기(鳳頂庵七創事蹟記)」에는 1648년(인조 26) 환적의천(幻寂義天) 스님이, 1678년(숙종 4) 등운 스님이, 1748년(영조 24) 설정 스님이 각각 중건한 것으로 기록되어 있어 연대에 차이가 있다. 한용운 스님도 이 봉정암의 사적비를 참고한 것이고, 특히 환적 의천의 생존기가 1603년에서 1690년이므로 그때의 중건은 1518년이 아니라 1648년이 맞을 듯하다. 특히 설정 스님의 중건 때는 탱화를 봉안하고 배탑대(拜塔臺)를 만들었을 뿐만 아니라 누각까지 건립하여 절다운 규모를 갖추었다고 한다.

이어서 1780년(정조 4) 계심(戒心) 스님, 1870년(고종 8) 인공(印空) 스님과 수산(睡山) 스님이 중건하였다. 그러나 6 · 25전쟁으로 인하여 봉정암은 완전히 불타버렸다.

10여 년 이상 오층석탑만 외롭게 서 있던 이곳을 찾아온 법련(法蓮) 스님은 천일 기도 끝에 자그마한 법당과 요사를 완공하였고, 이어서 1991년에는 적멸보궁을 비롯하여 일주문 · 해탈문 · 산신각 · 요사 · 석등 등을 세워 오늘에 이른다.

적멸보궁

■성보문화재

• 적멸보궁

팔작지붕에 앞면 5칸, 옆면 3칸의 규모로 최근에 지었다. 바위 위에 자리하고 있으며, 그 아래에 요사와 구 법당이 있다.

안에는 목각 지장탱·신중탱이 있는데, 모두 최근에 조성하였다. 수미단과 닫집은 있으나 불상이나 불화 같은 상설(像設)이 없는 것은 적멸보궁의 특징이다. 대신에 불단 뒤쪽으로 커다란 유리창을 내서 앞쪽에 있는 사리탑을 참배하도록 되어 있다.

• 산령각

사리탑으로 올라가는 계단 오른쪽에 맞배지붕에 앞면 3칸, 옆면 1칸 규모의 산령각이 있다. 최근에 지은 건물이라 단청도 아직 칠해져 있지 않다. 안에는 최근에 조성한 산신탱이 봉안되어 있다.

오층석탑

• **오층석탑**

봉정암에서 오세암으로 가는 길 야트막한 언덕 왼쪽에 오층석탑이 자리한다. 설악산의 진수를 봉정암이라고 한다면 봉정암의 진수는 오층석탑이라고 말하기도 한다.부처님의 뇌사리를 봉안하였다 하여 불뇌보탑(佛腦寶塔)이라고도 하며, 현재 강원도 유형문화재 제31호로 지정되어 있다.

이 석탑의 특징은 기단부(基壇部)가 따로 없다는 점이다. 곧 자연암석을 기단부로 삼아 그 위에 바로 탑의 몸체 부분에 해당하는 오층의 집을 쌓아 올렸고, 맨 위에는 연꽃인 듯 불꽃 모양인 듯한 원뿔형 보주(寶珠)를 올려놓았다. 이렇게 기단을 따로 만들지 않고 바위 위에 올려놓은 이유에 대해서는 설악의 온 산이 불멸의 몸이 깃든 이 탑을 받들고 있다는 의미 때문이라고 설명하기도 한다. 설악과 이 탑은 둘이 아니라는 것을 나타내기 위함이라는 것이다. 때문에 탑의 몸체가 시작되는 자연암석 위에는 아름답게 피어 있는 연꽃을 조각하였다. 이 연꽃조각은 밑의 바위가 연화대임을 상징하고 있으며, 이 탑이 단순한 석조물이 아니라 부처님께서 그곳에 정좌하고 있음을 시사해 주고 있는 것이다.

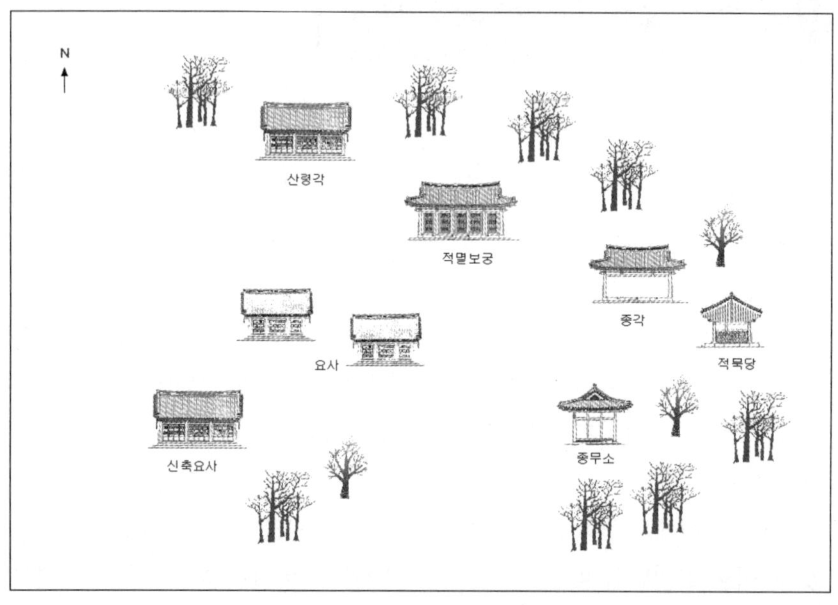

봉정암의 가람배치

오세암

■위치와 창건

오세암(五歲庵)은 인제군 북면 용대리 산761번지에 자리한 대한불교조계종 제3교구 본사 신흥사의 말사이자 백담사의 산내암자이다. 백담사의 부속 암자로는 봉정암과 오세암이 있으며, 이들 두 암자는 기도도량으로 널리 알려져 있다.

오세암은 백담사에서 약 10km 지점에 있다. 백담사에서 영시암 · 망경대를 거쳐 마등령 고갯길로 가다보면 오세암이 나온다. 주위의 봉우리들이 연꽃잎을 이룬 연꽃송이 한복판에 자리 잡고 있다.

오세암은 647년(선덕왕 13) 자장율사가 창건하였다. 이곳에 조그마한 선실을 짓고 머물던 자장율사는 관세음보살의 진신을 친견하고, 관세음보살의 도량임을 나타내기 위해 관음암이라 하였다고 한다.

그 뒤 조선 초기까지 면면히 명맥을 이어왔던 이 암자에 생육신의 한 사람인 김시습(金時習, 1435~1493)이 찾아 왔다. 1445년(세조 1) 그는 이곳에서 머리를 깎고 출가하였다. 약 100년이 지난 1548년(명종 3) 금강산에서 수도하다가 불교중흥의 큰 뜻을 품고 이곳에서 기도하던 허응 보우(虛應普雨, 1515~1565) 스님은 문정왕후(文定王后)에 의해 선종판사(禪宗判事)로 발탁되고 난 직후 이 암자를 중건하였다. 백담사와 오세암은 금강산에서 수도하여 도력을 성취한 스님들이 중생교화를 위해 한양으로 갈 때 반드시 머무르게 되는 곳으로, 보우 스님 이후 이 절은 한양 진출의 대기소와 같은 역할을 하였다는 사실도 기억해야 할 점이다. 이 암자를 관음암에서 오세암으로 바꾼 것은 1643년(인조 21) 설정(雪淨) 스님이 중건한 다음부터이며, 5세 동자에 얽힌 유명한 관음영험설화는 이때의 중창과 직접적인 관련이 있다.

1888년(고종 25)에는 백하(白下) 스님이 크게 중건하였다. 스님은 그 깊은 산중에 2층으로 된 법당을 짓고, 응진전을 건립하여 16나한상과 각종 탱화를 조성 봉안하였다. 이어서 육각루(六角樓)와 큰방을 짓던 스님이 완공을 보지 못한 채 세상을 떠나자, 뒤를 이은 인공(印空) 스님이 1898년에 준공하고, 1만일을 기한으로 염불정진하는 만일염불회(萬日念佛會)를 열어 오세암의 염불소리는 끊일 날이 없었다. 이 염불회는 무려 18년 동안이나 계속되었다. 1911년부터 선종묵언지당(禪宗默言之堂)으로서 참선수행자들의 용맹정진 장소가 되었던 오세암은 6 · 25전쟁 때 소실되었고, 그 뒤 법당 · 승방 · 산신각 · 요사 등을 중건하여 오늘에 이르고 있다.

오세암은 수선도량(修禪道場)인 동시에 영험있는 관음도량으로 손꼽힌다. 그리고 오세암에 머물면서 수행한 사람 중 대표적으로 조선시대 초기의 김시습과 근대의 한용운이 있다. 두 분 모두 오세암에서 선종의 깊은 뜻이 담긴 『십현담(十玄談)』을 각각 주해하였다. 한용운 스님은 1925년 여름에 『십현담』을 주해하면서 이렇게 술해하였다.

"매월당도 십현담을 오세암에서 주해했고, 나 또한 오세암에서 열경(悅卿, 김시습의 자)의 주(註)를 읽었다. 수백 년 후에 접했건만 그 느끼는 바는 오히려 새롭구나." 세월은 흘렀어도 두 사람의 마음은 서로 통하였던 것이다.

■설화

• 설정 스님과 오세 동자

1643년 설정 스님이 오세암을 중건한 배경에 대한 설화가 다음과 같이 전해지고 있다. 설정 스님은 고아가 된 형님의 아들을 이 암자에 데려다 키우고 있었다. 겨울이 막 시작된 10월 어느 날, 스님은 월동준비 관계로 양양의 물치 장터로 떠나게 되었다. 이틀 동안 혼자 있을 네 살의 조카를 위하여 며칠 먹을 밥을 지어 놓고 스님은 신신당부하였다.

"이 밥을 먹고 저 어머니(법당 안의 관세음보살상)를 '관세음보살 관세음보살' 이라고 부르면 잘 보살펴 주실 것이다."

이 말을 남기고 절을 떠난 스님이 장을 본 뒤 신흥사까지 왔을 때, 밤새 내린 폭설로 길은 사람의 키보다 더 높은 눈이 쌓여버렸다. 혼자 속을 태울 뿐 어찌할 수 없게 된 스님은 겨울이 지나 눈이 녹은 이듬해에야 겨우 돌아올 수 있었다. 그런데 법당 안에서 목탁소리가 은은하게 들려오는 것이었다. 달려가 보니 죽은 줄 알았던 아이가 목탁을 치면서 가늘게 관세음보살을 부르고 있었고, 방안의 훈훈한 기운과 함께 향기가 감돌고 있었다. 스님이 아이를 와락 끌어안고 그 까닭을 물었다.

"저 어머니가 언제나 찾아와서 밥도 주고 재워도 주고 같이 놀아도 주었어요." 그때 갑자기 한 젊은 백의(白衣)여인이 관음봉으로부터 내려와 동자의 머리를 만지면서 성불(成佛)의 기별을 주고는 한 마리 푸른 새로 변하여 날아가 버렸다. 관세음보살의 가피에 감격한 설정 스님은 다섯 살의 동자가 관세음보살의 신력으로 살아난 것을 후세에 길이 전하기 위하여 관음암을 중건하고 오세암으로 고쳐 부르게 되었다는 것이다.

■성보문화재

• 관음전

팔작지붕에 앞면 5칸, 옆면 3칸의 규모로 최근에 새로 지은 건물이다. 전에는 지금의 인법당이 금당이었다.

안에는 최근에 봉안한 관음보살좌상이 불단 위에 있고, 그 왼쪽에 마련된 불단에 설화에 등장하는 동자상이 봉안되어 있다. 그 밖에 후불탱과 신중탱이 있는데, 역시 최근에 조성하였다.

• **삼성각**

경내의 왼쪽 가장 뒤편에 삼성각이 있다. 맞배지붕에 앞면 3칸, 옆면 1칸의 규모이며 최근에 지었다.

안에는 칠성탱을 비롯하여 산신탱·독성탱이 봉안되어 있다.

• **인법당**

예전에 금당이던 건물로, 중앙 1칸을 관음보살좌상을 모신 법당으로 쓰고 나머지 칸은 요사로 사용하고 있다. 건물 앞에는 '오세암(五歲庵)' 편액이 걸려 있다. 법당에는 금동관음보살좌상과 신중탱이 봉안되어 있다.

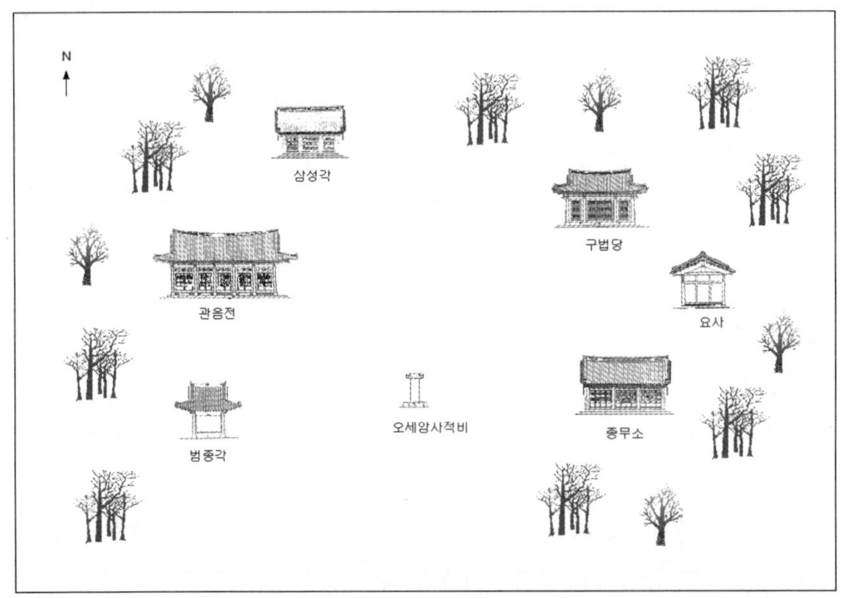

오세암의 가람배치

4. 철원군의 전통사찰

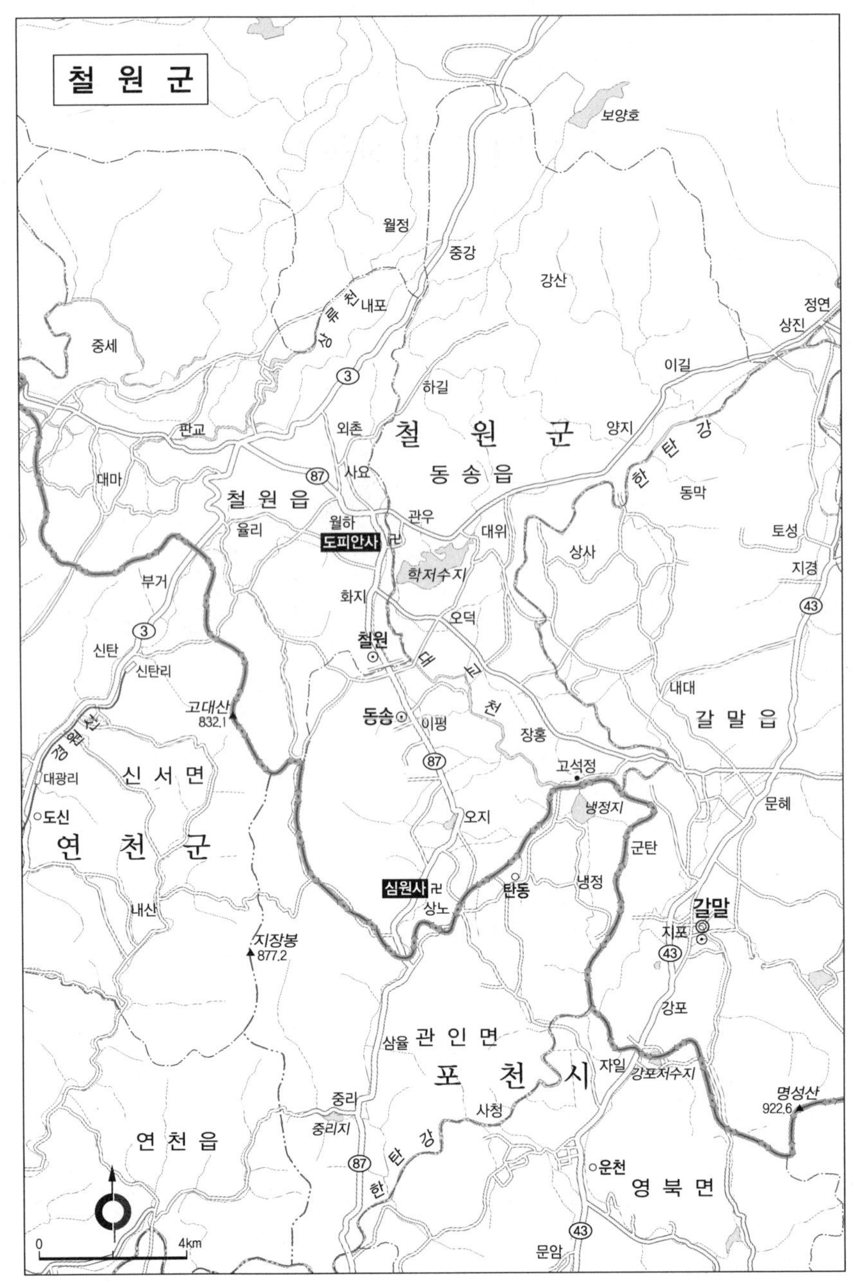
철 원 군
보양호
월정
중강
강산
내포
정연
상진
중세
이길
하길
판교
외촌
철 원 군
양지
한 탄 강
대마
사요
동 송 읍
철 원 읍
동막
월하
관우
율리
도피안사
대위
토성
상사
학저수지
지경
부거
화지
오덕
철원
신탄
신탄리
대 교 천
내대
고대산
832.1
동송
이평
장홍
갈 말 읍
신 서 면
대광리
고석정
도신
냉정지
문혜
연 천 군
오지
군탄
심원사
탄동
냉정
내산
상노
갈말
지포
지장봉
877.2
강포
삼율
관 인 면
포 천 시
자일
강포저수지
중리
명성산
922.6
중리지
사청
연 천 읍
한 탄 강
운천
영 북 면
0
4km
문암

철원군의 역사와 문화

철원군(鐵圓郡)은 강원도 북서부에 위치하며 동쪽은 김화군, 서쪽은 이천군과 황해도 금천군, 남쪽은 경기도 연천군, 북쪽은 평강군과 접한다. 2006년 말 현재 인구 4만8,260명, 행정구역은 4개 읍, 3개 면, 59개 법정리로 이루어져 있다.

남부는 대체로 산지를 이루어 금학산(金鶴山, 947m)과 고대산(高臺山, 832m) 등의 산지가 솟아 있다. 그 밖에 대부분의 지역은 고원성의 평야지대를 이룬다.

임진강 지류인 한탄강이 군의 동부를 남북으로 흐르는데, 용암대지 위를 흐르면서 전형적인 유년기의 침식곡을 형성하며, 하안에는 주상절리(柱狀節理)와 수직단애가 발달해 곳곳에 절경을 이루고, 역곡천이 군의 서부를 동서로 흐른다.

이들 하천 유역에는 비교적 넓은 평야가 형성되어 있으며, 그 중에서도 선창벌 · 대야잔평 등은 예부터 넓고 토지가 비옥하기로 유명하다.

철원군 내의 한탄강변에서 구석기시대 유적이 발견되었다. 신석기시대에도 사람이 거주했음은 당시의 빗살무늬토기가 출토되고 있음을 보아 짐작할 수 있으며, 청동기시대에는 토성리의 토성(土城)과 여러 곳에 산재해 있는 고인돌을 통해 이 지역에 성읍국가(城邑國家)가 존재했음을 알 수 있다. 철기문화가 싹트기 시작한 철기시대 초기에 연맹왕국을 이루었을 것으로 생각되는데, 당시 이곳에는 진국(辰國)이 형성되어 그 속에 편입되었을 가능성이 많다.

삼국시대에는 고구려의 영토로서 철원(鐵圓) 또는 모을동비(毛乙冬非)라 부르다가 통일신라 경덕왕 때 철성군(鐵城郡)으로 바뀌었다. 901년(효공왕

5) 송악(松嶽, 지금의 개성)에서 후고구려를 세운 궁예(弓裔)가 905년에 이곳으로 도읍을 옮겨 풍천원(楓川原, 지금의 북면 홍원리)에서 13년간 통치를 하였다. 그리고 918년에는 왕건(王建)이 이곳에서 궁예를 몰아내고 고려를 건국하였다.

고려에서는 919년(태조 2) 송악으로 천도하면서 동주(東州)로 개칭했으며, 1018년(현종 9) 지주사(知州事)를 두었다. 고려 중기 이후 5도양계의 지방제도가 확립되면서 교주도에 속하였다. 1254년(고종 41)에 현령관(縣令官)으로 직제를 내렸다가 뒤에 다시 승격시켜 목사(牧使)로 하였다. 1310년(충선왕 2) 목(牧)을 두는 제도를 폐할 때 다시 철원으로 개칭하고 직제를 낮추어 철원부로 하였다.

조선에서는 1413년(태종 13)에 도호부로 승격되었으며, 1434년(세종 16)에 강원도에 편입되었다. 『세종실록지리지』에 의하면 1432년 호구수 351호 770명, 시위군 62명이었다. 1746년(영조 22) 춘천부에 있던 강원도병마방어사부(江原道兵馬防禦使府)를 철원으로 옮기고 관하에 3부(춘천 · 회양 · 이천) 6현(금성 · 김화 · 낭천 · 평강 · 양구 · 안협)을 두었다. 1778년(정조 2)에 편찬된 『철원군읍지』에 의하면 행정구역은 동변면 등 9개 면으로 호구수 3,604호 1만5,147명(남자 8,101명, 여자 7,046명)이었다. 1895년(고종 32)에 철원군으로 고쳤다.

1931년 철원면이 읍으로 승격되었고, 1941년 1개 읍, 9개 면의 행정구역을 이루게 되었다. 1945년 광복과 동시에 38선을 경계로 철원군 전 지역이 북한에 속했다가 1954년 군정으로부터 행정권이 인수되어 이북지역의 6개 면을 제외한 3개 면을 관할하게 되었다. 1963년에는 옛 김화군 중 8개 면이 철원군에 편입되었고, 신서면이 경기도 연천군으로 편입되었다. 1972년 12월 28일 철원군 북면 유정리와 홍원리, 내문면 독검리가 철원읍에 편입되어 오늘에 이른다.

도피안사

■위치와 창건

도피안사(到彼岸寺)는 철원군 동송면 관우리 450번지 화개산(花開山)에 자리한 대한불교조계종 제3교구 본사 신흥사의 말사이다.

얼마 전까지만 해도 이른바 민간인통제구역에 위치한 관계로 일반인의 출입이 쉽지 않았지만 지금은 아무런 제한 없이 출입할 수 있다. 절 이름인

도피안사 내경

'도피안(到彼岸)' 이라는 말에는 모든 중생을 피안의 해탈세계로 건너가게 한다는 뜻이 담겨 있다.

도피안사는 통일신라시대인 865년(경문왕 5)에 처음으로 산문(山門)을 열었다. 당대의 고승 도선(道詵)국사가 향도 1,500여 명과 함께 이 절을 창간하여 철조비로자나불좌상을 봉안하고 삼층석탑을 건립하였다는 것이다.

『유점사본말사지(楡岾寺本末寺誌)』에 수록되어 있는 사적기에는, 도선국사가 철조비로자나불상을 조성하여 철원의 안양사(安養寺)에 봉안하려고 하였으나 운반 도중 불상이 없어져서 찾았더니 도피안사 자리에 안좌하고 있었으므로 절을 창건하고 불상을 모셨다고 한다.

도선국사는 이 절을 비보국찰(裨補國刹) 중의 하나로 삼았으며, 화개산이 물에 떠 있는 연약한 연꽃의 모습을 나타내고 있기 때문에 석탑과 철불로 산세의 약점을 보완하여, 국가의 내실을 굳게 다지고 외세의 침략에 대비하였다고 한다. 창건 이후 천여 년 동안 국가의 비보사찰로서 명맥을 이어왔다고는 하나 자세한 중건 중수의 역사는 전하지 않는다. 그 뒤 1898년 봄에 큰 화재로 모든 건물이 불타 버리고 비로자나불좌상도 비바람 속에 노출되어 있었다. 이에 영주산인(靈珠山人) 월운(月運) 스님이 강대용(姜大容)의 도움을 받아 법당 3칸을 짓고 불상을 봉안하였으며, 후불탱화도 조성하여 모셨다. 그리고 1914년에는 강대용이 스스로 화주(化主)를 맡아 칠성각과 산신각을 중건하였다.

1927년에는 주지 의권(義權) 스님이 모든 건물을 새롭게 보수하였고, 1933년에는 당국과 교섭하여 절 입구까지 도로를 확장하였다.

그러나 6 · 25전쟁으로 완전히 소실되어 불상 또한 땅에 묻히고 말았다. 1959년 제15사단장 이명재(李明載) 장군은 도피안사의 부처님이 나타난 꿈을 꾸었다. 이튿날 전방시찰을 나갔던 이 장군은 갑자기 갈증을 느껴 한 민가에 들어갔다가 그 집 안주인의 모습이 꿈에서 본 여인과 똑같은 것을 보고 깜짝 놀랐다. 이 장군은 꿈에서 본 절터의 모습을 설명하고 그 여인으로

대적광전과 삼층석탑

부터 그 자리를 인도받아 장병들과 함께 절을 중건하였다. 이후 사찰 관리는 군에서 맡았으며, 1985년 사찰 관리권이 민간으로 이관되었다.

1986년 주지로 취임한 대원(大圓) 스님이 1988년 5월 대적광전, 삼성각, 요사 등을 신축하여 오늘에 이르고 있다.

■ 성보문화재

현존하는 건물로는 금당인 대적광전과 삼성각, 요사, 종각, 해탈문, 사천왕문 등이 있으며, 주요 문화재로는 국보 제63호인 철조 비로자나불좌상과 보물 제223호인 삼층석탑이 있다.

• 대적광전

앞면과 옆면 각 3칸씩의 맞배지붕 건물이다. 6 · 25전쟁 때 불타버렸으나 1959년 주지 김상기(金相基) 스님과 육군 15사단의 장병들이 힘을 모

종각

아 함께 중건한 것으로, 막돌 바른층쌓기로 다듬은 높은 축대 위에 자리하고 있다.

대적광전은 『화엄경』에 보이는 비로자나불을 모신 불전으로, 건물 내부에는 865년에 조성된 철조 비로자나불상이 봉안되어 있다. 불상 뒤로 석가모니 후불탱이 있으며, 건물 뒷벽에는 금동천불좌상이 원불(願佛)로 모셔져 있다. 탱화는 검은 바탕에 금니로 단장한 신중탱과 지장탱이 있으며, 법당 한 켠에 1967년 일타 스님이 조성한 범종과 1959년 철불을 발굴한 이명재 장군의 초상이 있다.

• 종각

앞면 3칸, 옆면 2칸의 누각 형태의 팔작지붕 건물로, 1986년 삼성각과 함께 건립되었다. 2층으로 되어 있어 그 앞에 조성된 영지를 조망할 수 있으며, 1층의 팔각석조기둥을 기단으로 2층에 팔작건물이 올려 있다.

안에는 1989년에 만든 호국범종(護國梵鍾)이 걸려 있다. 이곳에서는 백마고지와 6 · 25전쟁 때 폭격을 많이 맞아 삽술봉이 아이스크림처럼 녹아 버렸다는 이른바 아이스크림 고지를 조망할 수 있다

• 요사

대적광전 아래 설법전과 무설전 두 채의 요사가 있다.

설법전은 앞면 7칸, 옆면 4칸의 팔작지붕 건물로 2000년에 주지 김도견 스님이 지었다. 무설전은 앞면 6칸, 옆면 3칸의 맞배지붕 건물로 1988년 육군 15사단 장병들이 대적광전을 중수할 때 지었다. 근래에 개 · 보수를 거치며 원형은 잃었지만 초기 도피안사의 모습을 짐작할 수 있으며, 현재는 종무소 겸 공양간으로 사용한다.

• 삼성각

앞면 3칸, 옆면 2칸의 맞배지붕 건물로 대적광전 뒤편 언덕 위에 있다. 1988년 주지 대원 스님이 대적광전과 함께 지었다가 근래 도피안사 가람 정비를 하면서 새로 지었다. 안에는 후면에 맞닿은 불단 위로 근래에 조성된 칠성탱, 독성탱, 산신탱이 봉안되어 있으며, 소형 범종이 있다.

• 사천왕문

사천왕문은 도피안사의 일주문으로 근래 도피안사의 가람 정비를 통해 영지(靈池)와 함께 건립되었다. 앞면 3칸, 옆면 2칸의 평면에 풍판을 단 겹처마의 맞배지붕 건물로, 좌우 협칸에는 사천왕상 4위를 모시고 중앙인 어칸은 드나들 수 있는 통로로 되어 있다.

• 해탈문

사천왕문을 지나 연못가에 앞면 3칸, 옆면 2칸의 맞배지붕인 해탈문이 있

사천왕문

는데, 사천왕문과 매우 비슷하다. 협칸은 수장판으로 막혀 있어 중앙인 어칸을 통해 드나들도록 되어 있으며, 단층 기단 위에 원형 초석을 놓고 두리기둥을 세워 상부에 익공을 배치한 모습이다.

• 철조 비로자나불좌상

대적광전에 봉안된 이 불상은 통일신라시대 말에 유행했던 철불상이며, 양식이나 형식적 특징에서 9세기 후기 불상의 한 형식을 정립한 불상으로 평가되고 있다. 또한 이 불상의 등에는 조성기가 새겨져 있어 865년(경문왕 5)에 만들어진 불상이라는 점을 확인할 수 있고, 강원도 철원군의 신도 1,500명이 참여하여 조성한 대중적인 불상이라는 점을 알 수 있다. 높이 91cm이며, 국보 제63호로 지정되어 있다.

현재 광배는 없고 대좌와 불신만이 남아 있다. 머리카락을 표현한 나발(螺髮) 하나하나는 유난히 또렷하게 돌출되어 있는 반면, 정수리에 솟은 육

철조 비로자나불좌상

철조 비로자나불좌상 상호

계(肉髻)의 표현은 거의 없다시피 하며, 전체적인 윤곽은 매우 길고 섬약하다. 따라서 눈썹과 눈 사이는 매우 넓어 보이고, 유난히 길어 보이는 코는 미간에서부터 평탄면을 형성하고 있으나 하부가 다소 빈약하며, 눈이나 입 등의 세부적인 표현 또한 섬약하다. 어깨는 아주 움츠린 모습은 아니지만 지권인(智拳印)을 취하기 위해 두 손을 앞으로 모았기 때문에 약간은 앞으로 쏠리고 있다. 그리고 결가부좌를 취한 무릎의 폭은 어깨에 비해 다소 좁은 편이다. 대체로 신체는 평판적이고 섬약한 편인데, 특히 가슴 · 손 · 다리가 양감이 부족하게 표현되었다. 불의는 통견의(通肩衣)로 가슴이 넓게 터졌으며, 승각기 같은 내의의 표현이 전혀 보이지 않아서 주목된다.

불상을 받치고 있는 대좌 또한 불상의 양식적 특징과 동일하다. 전체 형태는 이 시대에 가장 많이 유행된 팔각연화대로서 상 · 중 · 하대로 구성되어 있다. 상대는 앙련(仰蓮), 중대는 팔각형, 하대는 단판복련화로 조성되어 있다. 이 대좌에서 특별히 지적할 점은 긴 귀꽃, 중대받침의 능형(稜形)과 안으로 굽은 몰딩 처리로써, 이것은 이 시대 대좌의 가장 대표적인 형식적 특징이다. 이와 함께 전체 형태의 섬세하고 평판적인 양식의 특징에서 불상과의 조화를 충실히 따르고 있다.

• 도피안사 삼층석탑

높이 4.1m이며, 팔각의 기단 위에 3층의 탑신을 형성하고 그 위에 상륜부를 올려놓은 특이한 형식의 석탑이다. 현재 보물 제223호로 지정되어 있다.

이곳이 6 · 25전쟁 때의 격전지이었음에도 불구하고 탑의 상륜부와 3층 옥개석의 일부만이 손상되었을 뿐 전체적으로 양호한 상태로 보존되어 있다.

탑의 구조는 정사각형의 지대석(地臺石) 위에 팔각형의 기단을 축조하였는데, 하층기단은 8각의 각 면에 안상(眼象)을 조각하였고, 그 위에 갑석(甲石)은 같은 돌로 이루어져 있다. 갑석 위에는 하나의 돌로 조성한 높직한 팔각연화대석이 놓여 있고, 단엽(單葉) 16판(十六瓣)의 복련(覆蓮)을 새겼으며, 그 위로 낮은 각형(角形) 2단의 굄을 각출하여 상층기단 면석을 받치고 있다. 한 개의 돌로 만든 이 팔각형의 중대 면석에는 아무런 조각도 새겨져 있지 않다. 상대석의 갑석에는 아랫면에 낮은 각형 2단받침과 단엽 16판의 앙련(仰蓮)을 조각하여 하대석의 복련과 대칭을 이루고 있다. 갑석 윗면에는 높직한 사각형의 3단 굄을 마련하여 탑신부를 받치고 있는데, 반전(反轉)으로 높직하게 표현한 굄대는 대체로 9세기 경에 건립된 석탑에서 볼 수 있는 특이한 구조다.

탑신부는 일반형 석탑에서와 같이 사각형인데, 옥신과 옥개석이 각각 한 개씩의 돌로 조성되어 있다. 각 층의 옥신석에는 양쪽으로 우주(隅柱)가 새겨져 있을 뿐 다른 표면장식이 없으며, 옥개석의 아래쪽 받침은 초층이 4단이고 2층과 3층은 3단씩이다. 낙수면은 평평하고 얇으며 받침이 낮아서 다소 둔중함을 면하지 못한 감도 있지만, 네 귀퉁이의 전각 부분에 반전이 뚜렷하여 전체적으로 경쾌한 느낌을 준다. 상륜부는 노반(露盤)만 놓여 있을

삼층석탑

뿐 다른 부재는 없다.

이 석탑의 기단부는 불상의 좌대와 조금도 다를 바 없는 특이한 양식을 보이고 있어, 탑이 곧 부처임을 뜻하는 법신(法身)을 모신 것임을 증명하는 좋은 자료를 제공하고 있다. 그리고 옥개받침이 4단 · 3단으로 섞여 있는 등, 각 부의 양식에서 과도기인 통일신라시대 말의 시대적인 특징을 보이고 있다.

법당인 대적광전에 봉안된 철조 비로자나불좌상에 새겨진 '함통육년을유(咸通六年乙酉)' 라는 글씨로 볼 때 이 석탑도 865년에 불상과 함께 건립되었으리라고 추측되며, 석탑 자체의 양식 수법으로 볼 때도 이 시기로 추정되고 있다.

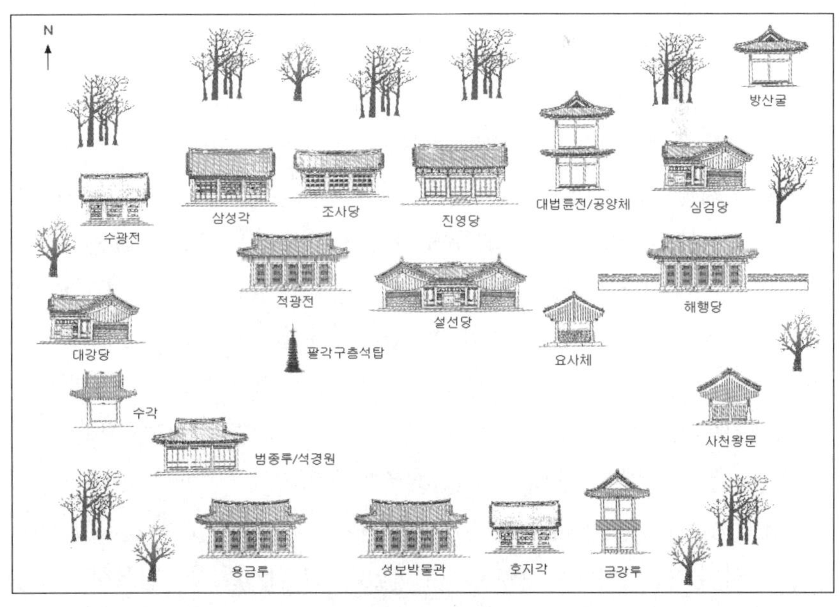

도피안사의 가람배치

심원사

■위치와 찾아가는 길

심원사(深源寺)는 철원군 동송읍 상로리 72번지에 자리한 대한불교조계종 제3교구 본사 신흥사의 말사이다. 서울에서 찾아간다면 수유리 시외버스터미널에서 관인행 직통버스를 탈 수 있고, 동서울터미널에서는 동송 방면으로 가면 된다. 현지에 도착하면 철원읍에서는 동송읍내나 철원읍 관전리에서 동송행 직행버스를 이용하여 심원사까지 갈 수 있으며, 동송에서 심원사까지 30분 정도 걸린다. 또 조계사 앞에서 매주 토요일 오후 5시, 일요일 오전 7시에 심원사행 버스가 출발한다.

현재 생지장보살 도량으로 널리 알려진 심원사의 본래 위치는 이 자리가 아니다. 그리고 지금보다도 사역 규모가 훨씬 컸다. 6 · 25전쟁 직전까지만 해도 철원군 신서면 하내산리 354번지에 자리하고 있었으며 250여 칸의 당우와 부속암자 4개를 거느리던 대찰이었다. 『유점사본말사지』에 기록되어 있는 역사를 살펴보면 이 절의 흥성했던 시절을 다소나마 느낄 수 있다. 이제 사적기를 중심으로 하여 심원사의 역사를 보다 상세하게 소개한다.

심원사는 647년(보장왕 6) 영원(靈源)조사가 영원사 · 법화사(法華寺) · 도리사(忉利寺)와 함께 영주산(靈珠山)의 4대사찰 중 하나로 창건하였으며, 창건 당시의 이름은 흥림사(興林寺)라 하였다. 그 뒤 영원사 · 법화사 · 도리사는 고려 때 모두 폐사가 되었지만 흥림사만 꾸준하게 전승되었던 것이다.

■심원사의 역사

720년(성덕왕 9)에는 사냥꾼 이순석(李順碩)이 지장보살의 감화를 입어 우리나라 제일의 지장성지인 석대암(石臺庵)을 창건하였는데, 이 석대암은 심원사와 관련이 깊다. 여기에 대해서는 뒤에서 상세히 다루겠다.

859년(헌안왕 3)에는 범일(梵日) 국사가 절을 중창하고 천불(千佛)을 조성 봉안하였으며, 이듬해에는 성주암(聖住庵) · 남암(南庵) · 지장암(地藏庵)을 창건하였다.

그런데 고려시대 역사에 대한 기록은 거의 전하지 않는다. 사적기에도 법희거사(法喜居士) 민지(閔漬)가 1307년(충렬왕 33) 석대암의 사적을 지었고 1320년에 사적비를 세웠다는 기록만 있다. 그러나 고려 제7대 목종 때 만든 대종(大鍾)과 관련하여 아름다운 이야기 한 편이 전해져 오고 있다.(설화 '앉은뱅이와 장님의 믿음' 참고)

1393년(태조 2) 3월에 불타 버렸으나 무학(無學)대사가 1395년 중건하고

심원사 내경

산 이름을 보개산(寶蓋山)으로, 절 이름을 심원사로 바꾸었다. 1398년에 무학대사가 다시 성주암을 중창하였고, 1400년(정종 2) 석대암을 중창하였다.

200년 동안 전승되다가 1592년에 일어난 임진왜란으로 불타 버리자 1595년(선조 28) 인숭(印崇) 스님과 정인(正仁) 스님이 중건하였다.

• 조선시대 후기의 역사

임진왜란 이후에도 심원사의 불사는 끊임없이 이어졌다. 1689년(숙종 14) 박신윤(朴信允)의 시주로 오층석탑을 세웠고, 1807년(순조 7) 기봉(寄峯) 스님이 축성암(祝聖庵)을 창건하였는데, 임금의 만수무강을 기원하는 축성암이 세워졌다는 것은 이때부터 심원사가 왕실과 밀접한 관계를 맺게 되었음을 뜻한다.

1854년(철종 5) 신학(信鶴) · 보성(寶性) · 선찬(善贊) 스님이 축성암을 중건하였고, 1861년 철종이 내린 내탕금(內帑金)으로 석대암을 중건하였으며, 1876년(고종 13) 현허(玄虛) 스님이 성주암을 중창하고 나한전을 중건하였다.

그 뒤 1887년(고종 24) 김상궁(金尙宮)의 시주를 받아 석대암을 중건하였고, 1891년 이만성(李晩惺) 처사가 논 4두락과 밭을 석대암에 시주하였으며, 1893년 이정엽(李正燁)이 일본제 범종을 헌납하였다.

1889년 계선(戒善) 비구니는 남암(南庵)의 대웅전을 중건하였고, 1903년에는 나라로부터 받은 정계비(定界碑)를 절 입구에 세웠으며, 1906년 임상궁(林尙宮, 大蓮華)이 왕실의 허락을 얻어 나라를 위한 치성을 이 절에서 올리도록 하고 7만2,269평의 땅을 매입해 주었다.

그러나 1907년 9월 11일, 의병 300여 명과 일본군과의 싸움에서 심원사는 250칸의 건물과 1,602위의 불상이 모두 불타 버리는 최대의 참사를 맞았다. 하지만 심원사는 이에 굴하지 않고 연수(蓮叟) 스님을 중심으로 2년 뒤부터 복구작업을 시작하였으며, 이듬해에는 함경남도 북청군 대동사(大同

寺)에서 목조불상 8위를 모셔와 향불이 끊이지 않게 하였다.

• **일제강점기의 심원사**

일제의 강압 속에서도 심원사의 중건불사는 계속되었다. 1918년 연수 스님은 초암(草庵) 화백을 청하여 천불을 조성 봉안하였고, 1925년에는 산내 곳곳에 흩어져 있는 서비와 부도들을 절 입구의 영원교(靈源橋) 부근 광상으로 옮겨 세웠다. 그리고 주지 진학(鎭學) 스님은 1927년 보통강습소를 설립하여 인근의 고아들을 모아 글을 가르쳤으며, 이듬해 영원교를 비롯한 반야교(般若橋) · 불이교(不二橋) · 신흥교(新興橋) 등을 가설하고 절 입구의 도로를 확장하였다. 뿐만 아니라 1931년에는 사찰 건물 내부를 완전히 중수하고 중종 2좌(座)를 안치하였으며 석대암도 중수하였다.

1935년 석대암에는 큰 이적이 있었다. 독립운동가 한규설(韓圭卨)의 부인 박선심화(朴善心華)와 그녀의 동생 박대선화(朴大善華)는 남편의 극락왕생과 그들의 사후 왕생을 발원하며 화응(華應) 스님을 법사로 모시고 백일기도를 드렸다.

백일기도를 끝내기 3일 전, 화응 스님은 갑자기 법당이 환하게 밝아지는 것을 보고 불이 난 것이 아닌가 하고 급히 법당으로 갔다. 그러나 불이 난 것이 아니라 지장보살의 왼쪽 어깨 부분에서 서광(瑞光)이 뻗치고 있었다. 스님은 깜짝 놀라 대중을 깨우기 위해 종을 울렸고, 두 자매는 황급히 뛰어나와 서광을 보고 크게 감격하였다.

두 자매는 심원사 주지 진학 스님과 상의하여 뜻 깊은 일을 하고자 하였다. 이에 공부하는 스님들을 위한 화산경원(華山經院)을 짓기로 결정하고, 그해 1만5,000원을 희사하여 토지 4만9,097평을 매입하고 교과용 불경을 인출하였다. 1936년 두 자매는 1만 원을 더 희사하여 철원군 월정리에 농장을 설치함으로써 매년 100석의 쌀을 화산경원에 보낼 수 있도록 하였다. 그리고 8월에 스님들이 입을 대구품가사불사(大九品袈裟佛事)를 열어 만반의

준비를 끝낸 다음, 9월 1일 화산경원 개원식을 거행하였다. 이곳에서는 경학연구 뿐만 아니라 능력있는 승려들을 외국으로 유학시켰는데, 현대의 이름 있는 승려 중 화산경원 출신이 매우 많았다고 한다.

그리고 당시 심원사의 건물로는 천불전을 중심으로 봉향각(奉香閣) · 산신각 · 사무실 · 문간채 · 객실 · 고방(庫房) · 창고 등이 있었고, 불상으로는 목조 아미타삼존불, 삼신불상(三身佛像)과 그 좌우의 문수보살 · 보현보살, 그리고 흙으로 만든 천불상, 독립된 석조 아미타불좌상이 있었다. 또 부속 암자로는 성주암 · 석대암 · 지장암 · 남암이 있었다.

이 중 성주암(聖住庵)에는 77평 규모의 인법당과 영산전 · 산신각 · 별당 · 객실이 있었으며, 불상으로는 인법당 안에 모신 석가여래 · 약사여래 · 아미타불, 영산전에 모신 석가여래 · 미륵보살 · 제화갈라보살 · 16나한상 · 사자입상(使者立像), 산신각의 독성상, 그리고 관음보살좌상이 있었다.

석대암에는 71평 크기의 인법당과 요사가 있었으며, 인법당에는 많은 이적을 보인 지장보살좌상이 봉안되어 있었다.

지장암(地藏庵)에는 17평 크기의 인법당과 산신각이 있었으며, 석조 지장보살좌상이 모셔져 있었다.

그리고 남암(南庵)에는 9평의 대웅전과 56평의 요사가 있었고, 제석보살상(帝釋菩薩像)이 모셔져 있었다. 제석보살은 제석천을 가리키는 것으로, 현재 오대산 상원사에 있는 제석천의 상과 함께 우리나라의 일부 사찰에 제석천상을 봉안하였음을 증명해 주는 좋은 자료가 되고 있다.

• 1945년 이후

일제강점기 아래에서도 사세를 유지하였던 심원사와 석대암은 6 · 25전쟁 때 잿더미로 변하였고, 또 그 지역이 비무장지대에 속하게 됨에 따라 민간인의 출입이 통제되었다. 이에 주지 김상기(金相基) 스님은 1955년 4월 철원군 신서면 하내산리의 옛터에서 현 위치로 옮겨 조그마한 절을 짓고 심원사라 하였다. 그리고 1962년 명주전(明珠殿)을 지었으며, 1970년 대웅전과 요사 2동을 지어 오늘에 이르고 있다.

■설화

• 앉은뱅이와 장님의 믿음

심원사의 산 밑 마을에는 어려서 열병을 앓아 장님이 된 이덕기(李德基)와 소아마비로 앉은뱅이가 된 박춘식(朴春植)이 살고 있었다. 어릴 때부터 친구였던 그들은 만나면 언제나 자신들의 신세를 한탄하였다.

"우리는 무슨 죄를 지었기에 이와 같은 병신의 몸이 되었을까? 전생에 어떤 일을 저질렀기에…."

어느 날 신세 한탄을 하고 있는 그들 앞에 심원사의 스님이 나타나 대종(大鍾) 불사를 위한 시주를 청하였다. 그리고 스님은 대종불사에 시주하면 틀림없이 부처님의 가피로 재앙이 소멸되어 현생에서 복을 얻을 것이라는 말을 잊지 않았다. 그 말을 들은 두 사람은 귀가 번쩍 띄었다. 몇 번이나 그들의 장애를 고칠 수 있는지를 여쭈었고, 틀림없으니 철석같이 믿고 기도하라는 스님의 확인도 받았다.

그러나 그들은 너무 가난하여 시주할 돈도 쌀도 쇠붙이도 없었다. 결국 그들은 시주를 모으러 다니는 화주가 되기로 작정하였다. 장님 이덕기는 길 안내를 할 수 있는 앉은뱅이 박춘식을 업었다. 그리고 열심히 구걸하여 대종을 조성하기 위해 시주하였다. 그렇게 하기를 3년, 마침내 대종의 타종식 날이 되었다. 그들은 '나무불 나무법 나무승' 을 끊임없이 외우며 대광리의 산길을 걸어 절로 향하고 있었다.

첫 타종의 소리가 들리는 순간 앉은뱅이 박춘식은 "부처님이 보인다!"고 소리치며 장님의 등에서 내려 뛰어가려 하였다. 그러자 두 다리가 쭉 펴지는 것이었다. 그 소리를 들은 장님 이덕기 또한 "어디! 어디!" 소리치며 눈을 비비자 갑자기 앞이 보였다.

그들은 산마루 위의 오색구름에 쌓여 큰 광명을 발하고 있는 부처님을 보면서 눈물을 흘리며 끊임없이 절하였다. 마침내 그들은 부처님의 가피를 입은 것이었다.

■성보문화재

보개산의 끝자락이 나지막이 내려앉은 상로리 일대의 평지에 자리한 심원사는 사방으로 평야를 낀 평지가람을 이루고 있는 단출한 규모의 가람이다.

대웅전이 금당으로 자리 잡고 있고, 명주전은 한국 제일의 생지장보살의 도량으로 알려져 있다. 명주전은 나지막한 언덕을 남산으로 동남향을 하고 있으며, 그 앞면에 지장원불전이 누각의 형태로 배치되어 있다. 명주전을 중심으로 좌우에 화산경원과 대웅전이 자리하며, 그 사이 요사가 자리한다.

• 대웅전

1970년 주지 김상기(金相基) 스님이 앞면 6칸, 옆면 1칸으로 지은 가건물을 2004년에 앞면과 옆면 각 3칸씩의 맞배지붕 목조 건물로 새로 지었다.

안에는 석조 지장보살입상이 봉안되어 있다.

• 명주전

지금의 명주전은 옛 명주전을 헐고 근래에 새로 지은 건물이다. 옛 명주전은 1962년 김상기 스님이 건립한 것이며, 심원사의 주법당으로 석대암의 지장보살을 봉안한 전각이었다. 앞면 3칸, 옆면 1칸의 다포계 팔작건물로 건물 앞에는 1902년 권상로(權相老)가 쓴 편액과 흰 글씨로 음각한 4개의 주련이 걸려 있었다.

현재의 명주전은 2003년 도후 스님이 지었다. 앞면과 옆면 각 3칸씩의 팔작지붕 건물로 옛 명주전 규모의 2배이며, 기와는 황동으로 단장하여 건

대웅전 삼존불좌상

물의 위엄과 안정감을 보여 준다. 편액은 옛 건물에 걸려 있던 그대로를 달았다.

안에는 중앙 불단에 석조 지장보살과 지장탱이 봉안되어 있으며, 그 좌우로 높이 118cm, 너비 229cm의 시왕 각부탱이 걸려 있다. 좌측 신중단에는 근래에 조성된 신중탱과 1982년에 조성된 소형 범종이 봉안되어 있으며, 그 맞은편에는 영가의 천도를 위한 영단이 마련되어 있다.

• **석조 지장보살입상**

예부터 살아 있는 지장보살이라 하여 기도인의 발길이 끊일 날이 없었던 석대암의 지장보살좌상이다. 이 지장보살상이 모셔져 있기에 현재의 심원사는 옛 석대암이 누렸던 우리나라 제일의 지장기도도량이라는 영광을 누리고 있다.

이 영험있는 지장보살상을 석대암에 모시게 된 사연은 720년(신라 성덕왕 19)의 일이다. 보개산 기슭의 어느 마을에 우두머리 이순석(李順碩)을 중심으로 사냥을 하여 생업을 이어가는 무리들이 살고 있었다. 어느 날 순석은 동생 순득(順得)과 함께 사냥을 나갔으나 그날 따라 짐승들이 자취를 감춘 듯 눈에 띄지 않았다. 하루 종일 헤매다 '오늘은 헛탕' 이라며 맥없이 집으로 돌아가려는데, 숲속 저쪽에서 송아지 만한 동물이 금빛을 뿜으며 지나가는 것이었다.

"돼지, 금돼지다."

탄성과 동시에 순석은 돼지를 향해 활을 쏘았고, 화살을 맞은 돼지는 피를 흘리며 보개산 환희봉(歡喜峰)을 향해 달아나는 것이었다. 두 사람도 열심히 쫓아 환희봉 근처의 샘물 있는 곳에 다다랐으나 멧돼지는 보이지 않고 왼쪽 어깨에 화살이 꽂힌 지장보살 석상만이 샘 안에 있는 것이 아닌가!

이에 두 사람은 크게 깨달은 바가 있어 참회하고 출가하였다. 그 뒤 순석은 300명의 사냥꾼 무리들을 제도하고 이 지장보살상을 모실 절을 지었는

명주전 내부

명주전 석조 지장보살좌상

데, 그들이 언제나 숲속의 돌[石]을 모아 대(臺)를 쌓고 그 위에 앉아 정진하였으므로 절 이름을 석대암이라 하였다고 전한다. 창건 이후 석대암의 지장보살은 수많은 이적을 남겼으며, 그 영험들로 인해 가히 살아 있는 지장보살로 받들어졌다.

그러나 6·25전쟁으로 석대암은 폐허가 되었고, 지장보살상도 실종되어 그 행방이 묘연하게 되었다. 그 뒤 한 불자가 서울에 은닉되어 있는 이 불상을 되찾아 심원사에 모시게 된 것이다.

이 지장보살좌상은 높이 90cm, 무릎 너비 70cm 정도의 자그마한 석불이며, 상호 또한 매우 특이하다. 머리에는 두건을 썼고, 내려감은 두 눈은 매우 길게 묘사되어 있으며, 입가에는 아주 잔잔한 미소가, 턱 중앙에는 하나의 홈이 파여 있다. 왼쪽 어깨에는 이순석이 쏜 화살을 맞아 손상된 흔적이 있으며, 오른손 위에는 한 알의 보주(寶珠)가 놓여 있다. 특이한 점은 도금을 하여도 얼마 지나지 않아 금칠이 벗겨지고 만다는 것이다. 그래서 현재도 개금이나 장식을 하지 못하고 있다.

대원본존지장보살(大願本尊地藏菩薩)은 "고통 받는 육도(六道)의 중생을 모두 구제하고 해탈을 얻게 한 다음 나는 성불하리라." 하셨다. 자신의 대원(大願)에 따라 모든 중생의 구원을 위해 끊임없이 자비행을 실천하고 있으며, 뭇 생명 있는 자들을 해탈세계로 인도하고 있다. 이 세계의 마지막 부처가 되기 위해 중생이 있는 한 이 세상에 머물러 계신 것이다.

• 지장원불전

지장원불전(地藏願佛殿)은 앞면 5칸, 옆면 3칸의 목조 팔작지붕 건물로 중앙 어칸을 통해 명주전으로 출입할 수 있는 누각형 건물이다. 2002년 심원사 가람정비사업 당시 건립되었으며, 현재 1층은 종무소 겸 찻집으로, 2층은 삼천불의 지장원불을 봉안한 지장원불전으로 사용되고 있다.

1층은 석조 팔각기둥을 골조로 하여 좌우 벽면을 벽돌로 마감하고 2층은 목조 팔작건물을 올린 현대식 건물로 보개산을 배산(背山)으로 하여 남쪽을 향해 있다. 2층인 지장원불전은 기둥 상부에 내외 1출목의 주심포를 포작하고, 측면은 다포식 공포를 구성한 특이한 모습을 갖추었다. 또한 전면과 배면은 꽃빗살창으로 장식된 4분합의 창호로 단장되어 있으며, 배면은 명주전을 바라볼 수 있도록 통유리를 가설하여 설법전의 구조를 보여 준다.

안에는 3면의 벽체에 돌로 조각한 3,000위의 지장원불이 정연한 단을 따라 봉안되어 있으며, 지장단에는 1965년에 조성한 칠여래탱이 걸려 있다.

• 요사

명주전을 중심으로 좌우에 붉은 벽돌로 지은 현대식 건물 두 채가 있다. 1970년에 대웅전을 지을 때 함께 지은 건물로 옛 화산경원과 요사를 신축한 것이다.

지장원불전

그 중 오른쪽의 2층 건물은 근대 경학연구의 중심도량인 화산경원으로, 1935년 백일기도 중에 지장보살의 현현을 목격한 독립운동가 한규설의 부인 박선심화 보살과 그녀의 동생 박대선화 보살의 시주로 설립된 근대 불교 교육연구원이다. 현재는 그 명맥만을 유지한 채 신도들의 요사 및 공양간으로 활용되고 있으며, 지장원불전이 건립되기 이전에는 대법회 때 설법전으로 사용되었다.

• 부도

몇 년 전만 하더라도 비무장지대로 군부대가 주둔하던 보개산 심원사지는 군부대 관계자의 안내 아래서만 접근할 수 있는 곳이었다. 현재 심원사지의 경내로 들어가는 입구에는 고승들의 사리를 봉안한 12위의 승탑과 3기의 비석이 있다.

일제강점기에 발간된 『심원사지』에 의하면 1925년 주지 홍월운과 법무

이진학의 주도로 심원사 동쪽에 있던 4기의 비석과 20기의 부도를 지금의 위치로 옮겨온 것이라 한다. 그러나 6·25전쟁을 겪으면서 파손 또는 밀반출되어 현재는 3기의 비석과, 탑재가 바뀌어 원형이 변해버린 12기의 부도만 남아 있다. 부도는 모두 조선시대의 것들로 팔각원당형과 석종형 부도가 대부분이다.

『심원사지』에 의하면 전쟁 전에 있던 4기의 비석 중 행방을 알 수 없는 것은 산왕대신비이며, 이곳에 있던 총 20위의 부도 중 명문이 확인되었던 것은 17세기 전반에 활동하던 제월당(霽月堂)·취운당(翠雲堂)·풍담당(楓潭堂)·호연당(浩然堂)·청하당(靑霞堂)·청심당(淸心堂) 등 휴정의 법맥을 이은 승려들이었다. 부도의 대부분이 탑신과 옥개가 일치하지 않는 것을 보면 이 절이 겪었던 수난을 짐작할 수 있다. 부도는 팔각을 기본형으로 석종 모양이 섞여 있으며, 팔각을 한 부도는 모두 옥개 윗면이 급경사를 이루고 있다.

3기의 비 중 제월당경헌대사비는 부도군 오른쪽에 자리하고 있으며, 옆면에 안상(眼象)을 새긴 받침돌 위에 비신을 세운 후 구름과 용을 조각한 4각의 옥개를 얹은 모습이다. 비문은 광덕대부 동양위 신익성이 짓고, 의창군 이황의 글씨와 전액으로 되어 있으며, 음기의 추기는 제월당의 시자 밀언의 글과 글씨로 되어 있다. 1636년(인조 14) 8월에 세운 것으로, 현재 비문이 심하게 닳아 있다.

가장 왼쪽에 자리한 비는 취운당 대사의 비로 다듬지 않은 자연석을 받침돌 삼아 그 위에 비신을 세우는데, 비신은 위로 올라갈수록 넓어진 마름모꼴의 모습을 띠고 있다. 높이 180cm로, 비문은 홍문관 교리 정두경(鄭斗卿)이 짓고, 글씨와 전액은 윤노웅(尹魯雄)이 썼으며, 음기는 광혜 스님의 글씨다. 전면에 입은 탄흔으로 일부 글자는 파손되었으나 보존상태는 양호하며, 건립연대는 1652년(효종 3) 8월에 세워진 것이다.

나머지 하나의 비는 애국지사의 비석인 박씨 공덕비이다. 이 비는 구한말

애국지사였던 한규설의 부인 박기우(박선심화 보살)와 그 자매인 기석(박대선화 보살)의 공덕을 기리기 위해 1935년에 건립된 것이다. 한말 포도대장을 역임했던 한규설의 부인 기우 · 기석 자매는 슬하에 자식이 없자 1934년 겨울에 보개산 석대암을 찾아 사후 왕생극락을 기원하는 백일기도를 드리던 중, 지장보살로부터 가피력을 받아 많은 재산을 심원사와 석대암에 헌납한 공덕을 기념하기 위해 건립된 비석이다. 화강암 대좌에 오석으로 만든 비신과 팔작지붕의 옥개로 이루어져 있으며, 비신에는 권상로의 글씨와 비문이 새겨져 있다.

현재 심원사지 부도군은 경기도 유형문화재 제138호로 지정되어 있으며, 심원사지 가람 복원을 위한 중창불사와 발굴을 통해 지장보살의 가피와 더불어 옛 심원사의 가람의 규모를 짐작할 수 있게 한다.

• 심원사지

6 · 25전쟁으로 주전각인 천불전만 남긴 채 모두 소실된 심원사는 전쟁이 끝난 후 천불전을 현재의 위치로 이건하고 석대암 지장보살상을 봉안하여 오늘에 이르고 있다. 원래의 절터에는 부도 12기와 아미타불입상 · 사적비 · 공적비만이 남아 옛 영화를 말해 주고 있다.

사역은 동서 140m, 남북 80m 등 약 3,600여 평의 규모로 발굴 결과 총 5동의 건물지가 확인되었으며, 문헌에 누락된 명부전의 위치와 7위 이상의 조선시대 토불좌상과 입상, 후령통(복장을 넣는 통), 동경 등의 유물이 발굴되었다.

심원사지는 6 · 25전쟁으로 인해 폐사되기 전까지 천불전을 중심으로 동편에 ㄱ자 부속건물, 서편에 봉향각 등 주요 전각이 상단에 위치하고 있었으며, 천불전이 동편에 자리 잡고 있었음이 확인되었다. 목불의 흔적과 하층의 대좌적심, 연화대좌 등이 발견되어 폐사시기의 천불전 자리에 원래 대웅전 건물이 위치했다는 것도 밝혀진 바 있다.

또한 출토된 토불(土佛)과 복장유물, 1600년대의 석탑부재 등을 통해 가람과 유구들을 짐작할 수 있어, 조선시대 중기 이후 심원사의 사세를 엿볼 수 있는 좋은 자료가 되고 있다.

현재는 주지 도후 스님이 정부에 편입되었던 경기도 연천군 신서면 내산리 일대의 옛 심원사지 소유의 토지 250만평을 되찾아, 2002년 4월부터 경기도청 및 연천군청과 함께 심원사지 복원불사를 전개하고 있다.

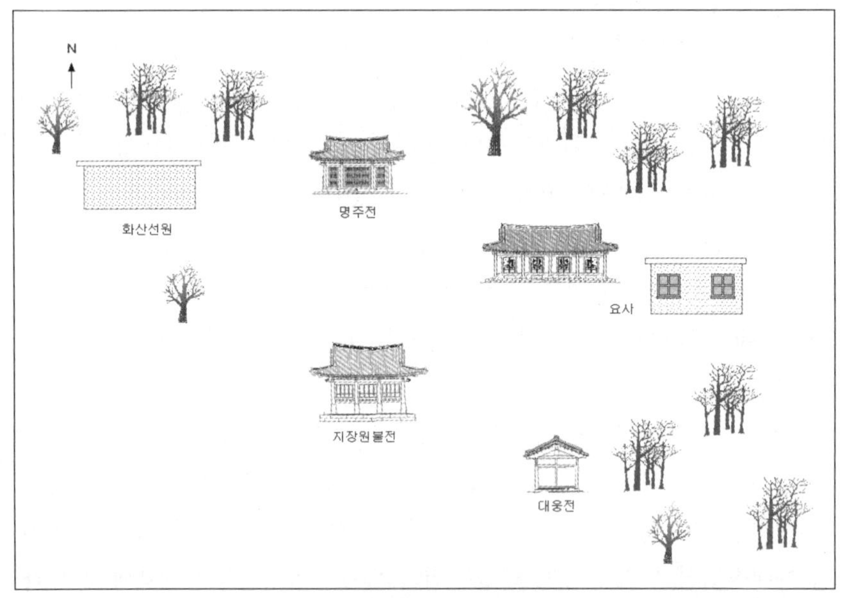

심원사의 가람배치

부 록

전통사찰총서 강원도 II 본사 1, 17개 사암

■ 속초시

이름	주　　소	전화번호(033)	비 고
繼祖庵	설악동 산40	636-7188	조계종
新興寺	설악동 170	636-7044	조계종

■ 춘천시

이름	주　　소	전화번호(033)	비 고
上院寺	서면 덕두원리 54-3	244-6753	조계종
淸平寺	북산면 청평1리 675	244-1095	조계종

■ 고성군

이름	주　　소	전화번호(033)	비 고
乾鳳寺	거진읍 냉천리 36	682-8100	조계종
極樂庵	간성읍 교동리 280	681-2095	조계종
禾巖寺	토성면 신평리 476	633-1525	조계종

■ 양양군

이름	주 소	전화번호(033)	비 고
洛山寺	강현면 진전리 55	672-2448	조계종
明珠寺	현북면 어성전리 488	673-1526	조계종
靈穴寺	양양읍 파일2리 산323	671-0592	조계종
紅蓮庵	강현면 진전리 산5-2	672-2448	조계종

■ 인제군

이름	주 소	전화번호(033)	비 고
百潭寺	북면 용대리 690	462-6969	조계종
白蓮精舍	인제읍 상동리 산1-3	461-0858	조계종
鳳頂庵	북면 용대리 산76	011-361-2828	조계종
五歲巖	북면 용대리 산75	462-8135	조계종

■ 철원군

이름	주 소	전화번호(033)	비 고
到彼岸寺	동송읍 관우리 450	455-2471	조계종
深源寺	동송읍 상노리 72-1	455-3468	조계종

집 필

金相永 중앙승가대학교 교수
韓相吉 동국대학교 교수
申大鉉 사찰문화연구원 연구위원
安尙賓 사찰문화연구원 연구위원

전통사찰총서❷
강원도의 전통사찰 Ⅱ

펴낸이/사찰문화연구원
펴낸곳/사찰문화연구원

2008년 9월 10일 초판 1쇄 찍음
2008년 9월 20일 초판 1쇄 펴냄

주소/서울특별시 마포구 신수동
62-98번지 3층
전화/(02)706-4709
E-mail/sachal@chol.com
등록/제16-616호(1992년 11월 26일)

ISBN 978-89-86879-02-5 04220

가격/15,000원